これ一冊でよくわかる

自治体の国際業務マニュアル

丹羽恵玲奈
小松　俊也　著

イマジン出版

目　　次

第3章　国際業務における主な連携団体　　67

第4章　プロトコール　　　　　　　　　　　　　　　　83

第5章　海外調整の実務　　115

はじめに

　今日、全国の自治体では姉妹都市交流をはじめとして、国際会議の開催・参加や、海外視察、海外からの視察受入など、様々な国際業務が行われています。これらの業務を遂行する上で、外国語能力が必要なことは言うまでもありませんが、それだけで業務を円滑にこなせるわけではありません。海外都市の行政制度を知らなければ、相手の実情に沿わない調整をしてしまうかもしれませんし、プロトコールの知識がなければ、来日した海外都市幹部に失礼な対応をしてしまうかもしれません。これらの知識やノウハウは、語学とは別で習得する必要があります。

　自治体の国際政策については、関連の本や論文も出されていますし、国際儀礼を説明したものには外務省の関係者が作成した書籍もありますが、自治体職員が実務を学ぶ上で活用できる本は限られています。特に、自治体の実務担当者の目線から、必要な知識をまとめた本はありません。内部向けにマニュアルを作成している自治体もありますが、これらの知識の多くは、前任者からの口承によって引き継がれ、またOJTを通じて習得されてきました。そのため、自治体の国際担当部署に配属された職員や、国際担当部署への異動を希望する職員が国際業務の実務に必要な知識を学べる機会は不足しています。

　そこで、本書では、自治体の国際業務に役立てる目線から、国際業務を網羅的に記述するとともに、様々なノウハウや知識を一冊にまとめました。筆者らの実務経験に加え、様々な自治体で国際業務に従事した経験を持つ人たちの声を取り入れながら構成を考え、実務に必要な知識を収録しました。また、海外都市との調整のノウハウを書いていますので、姉妹都市交流などの国際業務を行う方以外でも、海外からの観光客誘致、企業誘致、海外への地域産品の販売促進など、海外と関係のあるあらゆる業務で参考にしていただけます。国際業務の円滑な遂行のため、本書が一助となれば幸いです。

第1章

自治体の
国際業務とは

1 なぜ自治体が国際業務を行うのか
～国の外交との違い～

　自治体の業務には、福祉、まちづくり、教育、産業振興など様々なものがあります。その中で国際業務は傍流のような扱いを受けることもありますし、自治体の財政難によって真っ先に予算が削減されがちな分野でもあります。実際に、福祉やインフラなどのサービスと異なり、自治体が国際業務を行わなくなったからといって、今日、明日に住民が不自由をするものではありません。それでは、なぜ自治体が国際業務を行う必要があるのでしょうか。

外交は国だけのものか

　そもそも、ヴェストファーレン体制の確立された17世紀以降、外交の中心的な担い手となるのは、国民国家とされてきました。今日でも外交は国の専権事項であり、アメリカやオーストラリアのように州の権限が強い連邦国家においても、連邦政府の誕生時に州から連邦に委譲した権限の一つとされています。

　しかし、19世紀から20世紀にかけて、国際的な貿易や人の移動が活発化してくると、国民と他国民の間にも新たな交流が生まれました。そして、国際連合のような国際機関が新設され、多国籍企業やNGOなども増えたことで、今日では国家だけでなく、これらの各主体の間で国の垣根を越えた関係が構築されています。

　そのため、政府同士の関係だけでなく、様々な主体間で構築された関係が錯綜している状態になっています。こうした多元的な結合関係をアメリカの国際政治学者であるジョセフ・ナイとロバート・コヘインは「複合的相互依存」（complex interdependence）と呼びました。国家同士の外交は依然として国際関係の最も重要な手法ではありますが、国レベルで関係を結んでも国民感情が付いてこなければ強い反発も想定されますし、相手の国と良好な関係を築く上では都市間の交流や市民同士の草の根交流は重要なファクターとなります。

　また、1965年にアメリカで初めて公的な場で用いられた「パブリック・ディ

プロマシー」の概念は、その後、日本を含め世界的に普及しました。パブリック・ディプロマシーは「広報文化外交」とも訳され、外国の政府相手の外交だけでなく、国民や世論に直接働きかけるものです。

　さらに、先述のジョセフ・ナイが1990年に提唱した「ソフト・パワー」という言葉も外交の世界で広く知られています。ソフト・パワーは軍事力や経済力という「ハード・パワー」とは異なり、文化や政治的な価値観の魅力によって他国から理解や信頼を得るものです。

　パブリック・ディプロマシーやソフト・パワーを行使していくには、国の中央政府だけの取組では十分な効果は上げられません。実際に、外交関係者の中にも、現代社会において外交官ができる役割は限定的であるという意見が見られます[1]。そして、特にパブリック・ディプロマシーの分野では、政府による直接的関与が強くなりすぎると、かえって魅力や信頼性、正統性が損なわれるという見方もあります。

自治体が主導する国際関係

　このように複雑化している国際社会において、地域住民を代表する行政機関である「都市」が果たす役割は大きくなっていると言われています[4]。市民レベルの国際交流は「草の根の国際交流」などと言われてきましたが、外国人に日本の魅力を理解してもらうには、市民レベルの交流は不可欠であり、それを支えるのは住民に身近な自治体です。

　実際に、これまでにも都市同士の国際交流は、国レベルの関係の改善や強化に影響を与えてきました。

　欧州では、欧州連合（EU）が設立され、今日の国際社会の中で強い影響力を持っていますが、その成立の背景には都市間交流があったとも言われています。

1　例えば、山田文比古（2015）『外交とは何か』法律文化社やクルマンセイト・バトルハン（2016）「現代外交の変容：中央アジア、カザフスタン一外交官の視点」では、外交における国家機関や外交官の存在感が低下していること、または低下していくことを指摘しています。

第二次世界大戦の終戦後も、ヨーロッパの各国には旧敵国への敵対感情は深く残りました。特に、ナチス・ドイツに首都パリを占領されたフランスでは、戦後すぐにはドイツに対する嫌悪感が払拭されませんでした。こうした中で、都市間の交流が市民レベルの和解にもつながったというのです。

また、日本とアメリカとの関係においても、終戦から10年の1955年に長崎県長崎市とアメリカ・セントポール市の間で姉妹都市交流が開始されました。セントポール市が提携の理由として「国際平和」を掲げており、日米開戦の12月7日（日本時間では12月8日が開戦とされる）に議決をしていることや、同時期に別のアメリカの都市が広島市との姉妹都市提携を模索していたことなどから、日本とアメリカの戦後の関係修復に寄与するものと考えられていたことがうかがえます。これを皮切りに、両国間に多数の姉妹都市関係が締結され、市民交流などを通じて、両国民の相互理解が深まりました。

第二次世界大戦中に日本軍の爆撃や潜水艦による攻撃を受け、戦後に強い反日感情を持っていたオーストラリアでは、今日では同国民が重要なパートナー国として日本を、アメリカと同率1位に挙げるほどの親日国になっています[2]。この背景には戦後の国の外交努力や民間企業による交流などもありますが、都市レベルで盛んな交流を行ってきたことも無視できません。近年、オーストラリアでは中国と関係を結ぶ都市が急増しましたが、長らくの間、日本はオーストラリア側から見て姉妹都市関係を最も多く締結している国で、初めて両国間で姉妹都市関係が結ばれた1963年以降、両国間で多数の交流事業が行われてきました。

そのほか、1972年の日中国交正常化前からスポーツ交流事業を行い、国交回復の前年に上海市に友好都市提携を呼びかけていた横浜市や、国交正常化直後に中国の周恩来首相に友好都市提携の希望を伝え、中国の初の友好都市関係を天津市と結んだ神戸市など、日中関係の改善を先導していった自治体もありま

2　外務省（2018）「平成29年度オーストラリアにおける対日世論調査結果」
　　https://www.mofa.go.jp/mofaj/files/000453087.pdf

す。

　加えて、戦後に東西に分断されたドイツでも、東ドイツと西ドイツの間で姉妹都市提携（ハノーファーとライプツィヒなど）が行われたことや、鳥取県境港市が国交のない北朝鮮の都市（元山市）と友好提携を行っていたこと[3]など、国レベルでの関係とは別に、都市レベルでの交流親善が行われてきました。

「都市の時代」と国際交流

　21世紀は「都市の時代」や「都市の世紀」などとも言われています。2018年には世界人口の過半数である約55％が都市部に生活しており、2050年までにこの割合は約7割に達すると予測されています。現在、各国では「持続可能な開発目標」（Sustainable Development Goals、SDGs）の実現に向けて取り組んでいますが、人類の生存を考える上で重要な気候変動対策、感染症対策、防災など、人類の生存を考える上で都市の果たす役割が大きくなっています。こうした中、都市が独自のネットワークを形成し、それぞれのノウハウを共有し、連携しながら国際課題に対処していくなど、都市間協力の動きが加速化しています。その一方で、都市が世界からの投資を挙って呼び込んだり、毎年様々なテーマの都市ランキングで格付けが行われたりするように都市間競争が熾烈化しています。今後も、都市の国際的な連携や競争は一層盛んになってくるものと思われます。

　翻って日本国内を見ると、2014年に発表された「増田レポート」[4]で、全国の市区町村の約半分が2040年に消滅する可能性があるとして「消滅可能性都市」に指定されるなど、人口減少や少子高齢化が各自治体に深刻な打撃を与えると考えられています。

　こうした中、地域活性化のための手段の一つとして、都市レベルの国際交流を通じて、観光、経済など様々な分野で、海外の旺盛な需要を取り込んでいく

3　1992年に友好提携を行ったものの、北朝鮮の核実験などを受け、2006年に提携を破棄。
4　日本創成会議が作成した報告「成長を続ける二一世紀のために『ストップ少子化・地方元気戦略』」等の総称。

ことが考えられます。また、地域の子供の海外派遣など教育分野の交流は、地域のグローバル人材の育成や、市民・地域企業などが海外に目を向けるきっかけにもなります。

　このようなことから、自治体の国際業務は、本来、国が行うべき外交を自治体が真似して行うようなものではなく、中央政府と異なる視点や目的の下、地域社会ひいては日本全国の発展に寄与するものであると考えます。

　なお、自治体が行う国際業務には、「国際交流」「国際政策」「都市外交」「自治体外交」など様々な表現が使われてきました。「都市外交」（City Diplomacy）という言葉は海外の研究機関などでは用いられています[5]が、国内では東京都を除き、ほとんど使用されていませんので、本書では「国際交流」という言葉を使い、国際交流に関連する業務のことを「国際業務」と言います。

② 自治体の国際交流の変遷

　詳細な国際業務について説明する前に、日本の自治体が行ってきたこれまでの国際交流について簡単に記しておきます。実務には直接は関係ありませんので、飛ばして読んでいただいて構いませんが、国際業務についてより深く知る上で参考としてください。

（1）戦前における都市の国際交流

　日本では1868年の政体書による府・藩・県の設置、1871年の廃藩置県、1888年の市制町村制制定など、明治維新によって急速に近代的な地方行政の制度が

5　例えば、ロサンゼルスの南カリフォルニア大学の公共外交センター（USC Center on Public Diplomacy）では、都市外交に注力するロサンゼルス市と連携して、「都市外交サミット」を開催していますし、シカゴ・グローバル評議会（Chicago Council on Global Affairs）でも大学と連携して都市外交の研究を行っています。

整備されていきました。開国から20年ほどの時代ではありますが、一部の府県では設置間もない時期から国際業務が行われはじめました。

　例えば、東京府では1875年に庶務課外国掛が設置されました。国の欧化政策を背景に1881年には東京府外務課（組織改正により改称）によって、東京府知事夫妻主催の晩餐会が当時としては画期的な西洋式で開催されました。関西でも1885年に兵庫県で欧風舞踏会が、翌86年には兵庫県知事夫妻と大阪府知事夫妻の主催で大規模な夜会が開かれています。また、1912年、東京市の尾崎行雄市長はアメリカに桜の苗木3,000本を寄贈しています[6]。ワシントンD.C.のポトマックの河畔に植えられたこの桜は、今日でも毎年花を咲かせており、1934年からは、その開花に合わせて「全米さくらまつり」がポトマック河畔で開催されています。東京市が、ニューヨーク市長にアメリカ独立記念日の祝電を毎年送るなどの交流も行われていました。

　こうした事例はあるものの、首長や市民の往来には複雑な手続きと莫大な費用がかかることなどもあってか、戦前には都市レベルで海外との交流が行われた記録はあまりありません。

（2）戦後始まった姉妹都市交流

　都市レベルでの交流が本格化したのは、第二次世界大戦後からです。サンフランシスコ講和条約が締結された1951年には、「日米太平洋市長会議」が東京で開催され、日本の15都市とアメリカの12都市が参加しました。また、1953年には、千葉県が青少年指導者海外派遣を開始しました。

　1955年には、前述のとおり、長崎県長崎市とアメリカ・セントポール市との間に姉妹都市提携が行われ、これを嚆矢として各地で海外都市との姉妹都市関係が締結されました。1960年には都道府県で初めて東京都がニューヨーク市と、1971年には村として初めて長野県野沢温泉村がオーストリア・サンクトアント

6　1909年にも東京市はアメリカに2,000本の桜を寄贈しましたが、桜が昆虫などに汚染されていたことから、焼却処分となり、再度送ることとなりました。

ンと姉妹都市提携を行いました。2021年8月現在では国内890の自治体が海外と1,781の姉妹都市提携を行っています[7]。

　姉妹都市交流にはヨーロッパ起源のものとアメリカ起源のものがあると言われています。戦前においても欧州の一部などでは姉妹都市交流は見られましたが、欧米でも姉妹都市交流が本格化したのは戦後になってからです。ヨーロッパ起源のものは、すでに述べたフランスとドイツの都市のように、戦後、欧州域内の関係改善のために進められてきたものでした。ヨーロッパの姉妹都市交流は民間レベルから構想が生まれたボトムアップ型の交流だったのに対し、アメリカから始まった姉妹都市交流はトップダウン型の交流と言われます。

　アメリカ起源の姉妹都市交流は、アメリカのアイゼンハワー大統領（在1953-1961）が1956年から開始した "People to People Program" という市民交流プログラムに端を発したものです。市民交流こそが世界の平和の確立に重要な役割を果たすとの考えの下、このプログラムの主要事業の一つとして姉妹都市交流が促進されました。これによって、アメリカの姉妹都市提携数は急増し、1967年には「都市提携協会」(Town Affiliation Association) が設立されました。この協会は「全米国際姉妹都市協会」(Sister Cities International) と改称の上、現在も姉妹都市交流の支援などを行っています。日本では1960年代末までに締結された146件の姉妹都市関係のうち約60%である86件がアメリカとの関係であったなど、初期の自治体の国際交流は対アメリカを中心としたものでした。

　戦後すぐの時代にはまだ一般国民が容易に海外旅行に行けない状況でしたが、1968年には、姉妹都市交流を契機として、札幌市が自治体として全国で初めて外国人のホームステイ受入制度を創設するなど、市民の往来を伴う交流も活発化し、1970年代になると姉妹都市交流がさらに盛んになりました。

7　自治体国際化協会「自治体間交流」
　http://www.clair.or.jp/j/exchange/shimai/index.html

（3）国際交流の広がり

　1975年になると、神奈川県知事によって、市民や地域を主体とした「民際外交」という概念が提唱されました。この背景には、先述のとおり、時代の変化によって国家間の外交が国際問題を解決するために万能な存在でなくなったという現状がありました。1977年には神奈川県国際交流協会が設立されたことを皮切りに、その後ほとんどの都道府県や政令都市などで国際交流協会が設立され、地域の国際化を進めてきました。

　また、1980年代には、それまで対アメリカが中心であった交流から、中国、韓国などアジアとの交流に拡大していきました。

（4）自治体の国際交流への国の関与

　旧自治省でも1986年の国際交流プロジェクト構想から自治体の国際交流への関与を本格化し、翌1987年に「地方公共団体における国際交流の在り方に関する指針」を発出しました。同年にはJETプログラム（第2章3（5）参照）が開始され、これを推進するとともに全国の自治体の国際化を推進する団体として自治体国際化協会（第3章1（1）参照）が設立されました。JETプログラムは知日派や親日派を養成するという点で、パブリック・ディプロマシーの事例としても高く評価されています。

　その後も、「地域国際交流推進大綱の策定に関する指針」の策定（1989年）、国際室の設置や全国市町村国際文化研修所（JIAM）の開講（1993年）など、自治体に国際化を促す動きが進められてきました。さらに、1995年には自治省は自治体の国際事業に親善的な国際交流から、専門技術の交換などの国際協力へ移行する潮流が生まれているとして、同年を「自治体の国際協力元年」と位置づけ、自治体による積極的な国際協力も促しました。

テーマ	年	内　　　　容
国際交流	1987	・「地方公共団体における国際交流の在り方に関する指針」策定 ・「外国の地方公共団体の機関等に派遣される一般職の地方公務員の処遇等に関する法律」制定
	1988	・「国際交流のまちづくりのための指針」策定 ・「国際交流のまち推進プロジェクト」実施 ・自治体国際化協会創設
	1989	「地域国際交流推進大綱の策定に関する指針」策定
	1993	・旧自治省に国際室設置 ・全国市町村国際文化研修所創設
国際協力	1995	「地域国際協力推進大綱の策定に関する指針」策定
	2000	「地域国際交流推進大綱及び自治体国際協力大綱における民間団体の位置づけについて」発出
多文化共生	2006	「多文化共生推進プラン」策定
	2007	「防災ネットワークのあり方」及び「外国人住民への行政サービスの的確な提供のあり方」検討結果を発表
	2012	「災害時のより円滑な外国人住民対応に向けて」発出
	2017	「多文化共生事例集〜多文化共生推進プランから10年　共に拓く地域の未来〜」作成

（5）増加する外国人住民と多文化共生社会

　1980年代以降には、地域に居住する外国人も増加したことから「内なる国際化」という言葉が使われ始めました。1990年代には「多文化共生」という言葉も使われるようになり、早期から外国人住民が多かった川崎市では、1993年に住民が市に「多文化共生の街づくり」を提言しました。また、1995年の阪神淡路大震災直後には、外国人被災者への支援を目的に「外国人地震情報センター」が設立されました。同センターは「多文化共生センター」と改称の上、大阪、兵庫、京都、広島、東京に活動拠点を広げて多文化共生を推進していきました。

8　杉澤経子（2013）「自治体国際化政策と政策の実施者に求められる役割」をもとに筆者作成。

その後も海外からの移住労働者などの増加が続き、2005年には川崎市と東京都立川市が多文化共生の指針とプランをそれぞれ策定しました。こうした中、同年、総務省も「多文化共生の推進に関する研究会」を設置して、翌2006年には自治体の多文化共生関係の指針・計画策定を後押しする「地域における多文化共生推進プラン」を作成しました。前項の「国際交流」から「国際協力」への流れから、総務省の取組は更に「多文化共生」へと移り変わってきたと言えます。

(6) グローバル化の進展と都市間ネットワーク

冷戦が終結し、ソ連が崩壊すると「グローバル化」という言葉がしきりに唱えられるようになりました。鉄のカーテンのようなイデオロギー的な壁が取り払われただけでなく、航空機の性能向上や航空網の発達によって、海外との往来がますます容易になりました。また、ITの発展によって、簡単かつ迅速に地球の裏側とも連絡を取ることができるようになりました。

これらの技術の進歩によって、国際交流の調整にかかる手間が簡素化されるとともに、国をまたいだ都市間の往来が活発化しました。一方で、日本の自治体の新規の姉妹都市提携数は1980年代後半から90年代前半の時期をピークに減少しています。多くの自治体が海外と姉妹都市提携を行ったため、新たな需要がなくなってきたとも考えられます。しかし、既存の姉妹都市交流が低迷または事業が形骸化している例も少なくありません。

この背景として、自治体の国際交流事業を通じて市民同士が親善を深めていた時代と異なり、現在では地域の住民や団体が直接海外とやり取りできること、姉妹都市交流が拡大していたバブル期と比べて自治体の国際交流の予算が削減されたことなどが考えられますが、親善交流の代わりに課題解決型の都市間交流が盛んになってきたこともあげられます。例えば、姉妹都市提携を行わずに、特定の分野での協力を行う覚書や協定書を海外都市との間で結ぶ事例が増えています。

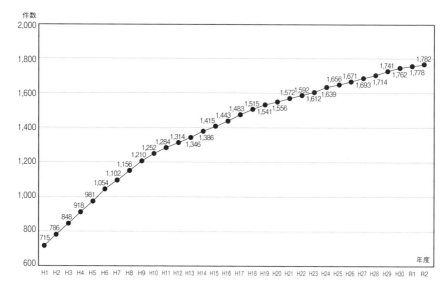

図　姉妹都市提携数の推移[9]

　姉妹都市交流に取って代わる都市間交流の形態の一つとして、複数の都市で協力関係を築く「都市間ネットワーク」も存在感を高めています。都市間ネットワーク自体は、1913年に設立された国際自治体連合（International Union of Local Authorities, IULA）などに起源を持つ都市・自治体連合（United Cities and Local Governments, UCLG）のように、100年以上の歴史を持つものもありますが、近年も多数のネットワークが形成されています。

　特に、2001年以降に設立されたものでは、環境分野や経済開発分野など特定のテーマに焦点を当てたネットワークの割合が高くなっています。都市が国際的に共通する課題の解決を目指す場合、こうしたネットワークを通じて海外のノウハウを学んだり、自治体の先進事例を紹介してプレゼンスを向上させたりできることに加え、複数の都市が共同で活動することで、国際社会にメッセージを強く発信することができます。

9　前掲注（7）

　また、近年、ウェブ会議の技術が発展し、違和感少なくビデオ付きの遠隔会議が行えるようになりました。こうした技術は新型コロナウイルスの影響もあって急速に普及し、2020年には様々な国際会議がウェブ開催となりました。都市間ネットワークの事業の中心は、加盟都市間での議論であり、年に1回などの頻度で開催される総会での議論を通じて都市間の合意事項をまとめたり、宣言を発出したりしています。海外を訪れずに会議が開けるようになったことで、今後ますます都市間ネットワークの交流が盛んになっていくことが想定されます。

第2章

自治体の
多様な国際業務

自治体の国際業務には様々な種類がありますが、海外都市との関係において
は①海外都市との一対一の関係であるバイラテラルな交流と、②複数の海外都
市との関係であるマルチラテラルな交流、の二つに大別できます。それぞれの
交流として、主に次のものがあげられます。

《主なバイラテラルな交流（二都市間交流）》
・姉妹都市交流：海外都市と姉妹友好都市関係を締結し、親善交流事業等を実
　施していくもの。
・合意書の締結：海外都市と特定分野での交流を加速させるため、覚書や共同
　コミュニケを締結するもの。
・海外都市訪問：首長等が海外都市を訪問し、海外都市の首長等との面会を行
　うことで、良好な関係を構築するもの。
・海外からの訪問受入：海外都市の首長や訪問団の訪問を受け入れ、面会や視
　察受入等を行うことで、良好な関係を構築するもの。
・駐在事務所の設立・職員派遣：海外都市に事務所を設立する、または都市に
　直接職員を派遣することで、都市との連絡関係を密にし、交流を強化するも
　の。
・国際協力：海外都市に対して、人材受け入れや、職員派遣を通じて技術移転
　等の支援などを行うもの。

《主なマルチラテラルな交流（多都市間交流）》
・都市間ネットワークの構築：都市が加盟するネットワークを構築し、リー
　ダーシップを発揮していくもの。
・国際会議の開催・参加：国際会議を開催し海外都市を招聘する、または国際
　会議に参加することで、各都市との関係を強化したり、グローバルな課題の
　解決に貢献したりするもの。
・宣言・誓約の活用：都市が宣言の発出や誓約をすることで、国際的に都市の
　主張をアピールしていくもの。

1 バイラテラルな交流（二都市間交流）

（1）姉妹都市交流

　2021年8月現在、日本の890自治体が、海外都市と1,781の姉妹都市関係（友好都市などを含む）を締結しています[1]。

　姉妹都市を「友好都市」と呼ぶこともありますが、厳密な定義の違いはありません。ただ、「姉妹」と言うと、どちらかが姉でどちらかが妹だという上下関係を彷彿させるため、特に中国の地方政府などでは、友好都市（中国語では「友好城市」）という名称を使います。また、自治体によっては従来の姉妹都市と異なる交流関係を築く際、姉妹都市と使い分けるために友好都市の名称を使うことがあります。なお、英語でも、"Sister Cities" 以外に、"Twin Towns[2]"や "Friendship Cities" と言う場合があります。ちなみに、"Brother Cities" という言い方はしません。現代英語の名詞には、フランス語やイタリア語のような文法上の性はありませんが、国や都市などの語の代名詞として "she" が用いられるためです。

　姉妹都市と友好都市を併せて「姉妹友好都市」などと呼ぶこともありますが、本書では、より一般に知られている「姉妹都市」の名称を、友好都市なども含めたものとして使います。

　姉妹都市については、特に法律上の定めはありませんが、自治体国際化協会では、以下の3つの条件全てに該当するものを「姉妹都市」として定義づけています[3]。

1　自治体国際化協会「自治体間交流」
　http://www.clair.or.jp/j/exchange/shimai/index.html
2　英国を中心に使われる表現で、"Twin Cities" と言うこともありますが、"Twin Cities" は姉妹都市だけでなく、アメリカのミネアポリスとセントポールのように、近接する2都市のことを指しても使われます。
3　前掲注（1）

(1) 両首長による提携書があること

(2) 交流分野が特定のものに限られていないこと

(3) 交流するに当たって、何らかの予算措置が必要になるものと考えられることから、議会の承認を得ていること

姉妹都市関係締結の経緯

　姉妹都市の関係締結は、通常は自治体が主導で進めますが、海外研修事業に参加した青年が主導して提携した島根県出雲市とアメリカ・サンタクララ市や、地元企業の進出先の海外都市と姉妹都市提携をした滋賀県長浜市とドイツ・アウグスブルク市のような事例もあります。関係締結の理由としては、以下のように都市同士の共通点やこれまでの交流に基づくことが多くなっています。

・主要産業が類似している場合：自動車を主要産業とする愛知県豊田市とアメリカ・デトロイト市や、陶磁器産業で有名な佐賀県有田町とドイツ・マイセン市など。

・文化が類似している場合：「人間将棋」を開催する山形県天童市と「人間チェス」を開催するイタリア・マロスティカ市など。

・地理的な条件が類似している場合：湖があることなどによる滋賀県の姉妹都市（アメリカ・ミシガン州、ブラジル・リオ・グランデ・ド・スール州、中国湖南省）、赤道を挟んで反対側にあり、海や大都市への近接という類似点を持つ千葉県茂原市とオーストラリア・ソルズベリー市など。

・歴史が類似している場合：西南戦争の激戦地である熊本県熊本市と、南北戦争の激戦地であるアメリカ・ローム市など。

・その他、類似点がある場合：漢字の表記が同じ島根県大田市と韓国・大田広域市や山形県南陽市と中国・南陽市など。

・歴史的につながりがある場合：市内在住の多くの華僑の出身地である中国・福州市と友好都市関係を締結した長崎県長崎市など。

・既存の交流が発展する場合：青少年相互派遣やマラソンへの市民派遣などの

交流が発展した大阪府熊取町とオーストラリア・ミルデューラ市など。

　姉妹都市はあくまで両都市が合意すれば結ばれる関係であり、こうした共通点や歴史的経緯に因らない関係もありますので、これらの関係がなければ姉妹都市交流ができないというものではありません。また、共通点があっても、相手都市の意向や状況によっては関係締結が難しいことがあります。

　ニュージーランドのオークランド市のように日本の6つの自治体と姉妹都市関係のある都市もありますが、これは日本の自治体と姉妹都市関係のあった複数の都市が大規模な合併によって1つとなり、結果的に姉妹都市数が増えたものです。すでに日本の自治体といくつかの姉妹都市関係を結んでいる場合には、共通点があったとしても新たに関係を結ぶことが難しくなることも考えられます。

姉妹都市関係締結のプロセス

　これから新たに姉妹都市の提携先を探す場合には、外務省地方連携推進室や自治体国際化協会が日本との姉妹都市交流を希望する海外の都市の情報をウェブページ上でまとめていますので、これらの情報を参考にすることができます。これらの都市との関係を締結する場合は、外務省や自治体国際化協会の支援を得られることがありますが、姉妹都市関係の締結には一般的に以下のようなプロセスが必要と考えられています[4]。

①候補都市の選定
②相手都市への姉妹都市提携の打診
③交流の内容、提携書について相手都市との協議
④議会による承認

4　自治体国際化協会「Q5．どのような手順で姉妹（友好）自治体提携を行うのですか？」（http://www.clair.or.jp/j/exchange/shimai/ans05.html）などをもとに筆者作成。なお、これは一例であり、必ずしもこの手順を踏まなければならないわけではありません。

⑤提携書への署名、調印式の実施
⑥姉妹都市提携による交流の開始

　姉妹都市関係は長期に亘る交流ですから、いきなり海外都市に打診をしても慎重に対応されることとなります。特に、相手都市にとっても利益となるWin-Winの関係でなければ、なかなか承諾してもらうことはできません。市民交流や文化交流などの成果は、数値化しにくく、すぐに目に見える利益を出すことは困難です。相手都市の理解が得られない場合には、短期的、または双方の利益となる分野の交流から始めて良好な関係を築き、機を見て姉妹都市関係に発展させるという手段も考えられます。

　反対に、海外都市から友好都市提携の申し出があった場合も、住民や議会の理解がなければ、友好都市提携に至るのは難しいと言えます。まずは実務的な交流から始めてみましょうと提案して相手都市の本気度を見ることもできるでしょう。

様々な分野の姉妹都市交流

　姉妹都市との交流には様々な分野のものがあり、主に次のような交流が行われています。

・首長や議員の相互訪問：周年行事などの機会に、首長や議員が相手都市を儀礼的に訪問し、更なる交流の深化に向けた議論を行うものや、視察によって相手都市の取組を学ぶものです。
・職員の相互派遣：自治体職員を相手都市に派遣し、現地での視察やヒアリング等を行うものです。数日単位の短期派遣から数年の派遣まであります。交流促進に加え職員の研修の一環としても活用されています。
・教育分野交流：夏休み期間中に生徒が姉妹都市を訪問し、現地の学校での授業を体験したり、一般家庭にホームステイしたりするなど、姉妹都市関係を活かして子供の国際理解教育や外国語教育を進めるものです。近年では、ウェ

ブ会議サービスの普及などにより、オンラインでの学校交流も盛んになっています。

・文化交流：相手都市の名物料理を作る料理教室の開催、相手都市の祭りに市民を派遣して伝統芸能を披露するなど、文化を通じて交流を行うものです。現在では件数が減少していますが、特に1990年代ごろまでには相手都市に日本庭園を造園するような取組も多く見られました。

・スポーツ交流：相手都市で開催するマラソン大会に市民を派遣する、スポーツの選手団を派遣して親善試合を行うなど、スポーツを通じて交流を行うものです。

・経済交流：相手都市の企業とのビジネスマッチングや、相手都市での商談会の開催などにより、外国企業誘致や地域産品の販路拡大につなげるものです。

　こうした姉妹都市との交流は通常は自治体の国際担当部署が行いますが、地域の国際交流協会などが行うこともあります。

姉妹都市関係の周年行事

　活発に交流を行う都市同士では5年、10年などの周年に記念行事を開催することもあります。周年記念行事の事例としては、主に以下のようなものがあります。

・首長・議員などの相互訪問：周年記念イベントを開催し、首長や議員が訪問するものです。5年ごとに相手都市と交互に記念イベントを開催する形が採られることも多くあります。

・市民の相互訪問：市民が相手都市を訪問し、伝統芸能や音楽の演奏などで文化を紹介することで、相互の交流の促進や理解の深化につなげるものです。

・イベントの開催：コンサートや映画祭など文化イベントの開催、相手都市を招いて共通課題を議論するシンポジウムの開催など。

・記念品の贈呈：周年を記念して、地域の伝統工芸品などを相手都市に寄贈す

るもの。日本を代表する樹木である桜などを相手都市に植樹するという例も
あります。
・展示会の開催：相手都市の情報やこれまでの交流の歴史などのパネル展示、
過去の交流の写真や相手都市で市民が撮影した写真を紹介する写真展、相手
都市の関連図書を紹介する図書館展示など。
・言語の紹介：相手都市の言語の講座を市民向けに開催することで、相手都市
への理解を深めるものです。
・食文化の紹介：自治体の庁舎や大学の食堂、学校の給食などで姉妹都市の名
物料理を出すことや、料理教室を開催することで、食文化を通じて相手都市
への理解を深めるものです。

　複数都市と関係を結んでいる場合には毎年のようにどこかの都市との周年を
迎えることや、予算上の制約などもあり、首長や市民の往来を伴わない記念行
事の開催も多くなっています。こうした場合でも、写真展や料理教室の開催な
どであれば予算をあまりかけずに周年を祝うこともできます。

特定テーマでの交流
　姉妹都市関係は、テーマを限定しない包括的な関係であることが一般的です
が、次のように、姉妹都市のような関係でありながら特定のテーマに限定して
いるものもあります。

・環境：北九州市の「環境姉妹都市」など
・経済・観光：神戸市とアメリカ・フィラデルフィア市、韓国・大邱広域市の
「親善協力都市」、宮島のある広島県廿日市市とフランスのモン・サン＝ミッ
シェル市の「観光友好都市」など
・文化：浜松市とポーランド・ワルシャワ市の「音楽・文化友好交流都市」な
ど

　また、自治体が主体的に交流を行うか、市民が主体となるかで扱いを区別している事例もあります。長崎県長崎市では、従来の姉妹都市と別に、市民や民間交流団体が主体となって実質的な交流を行う都市関係を「市民友好都市」としていますし、大阪市でも民間レベルの国際経済交流を促進する都市を「ビジネス・パートナー都市」としています。

　海外都市側でもそのような区別をすることもあり、例えば、カナダ・トロント市はパートナー都市（partnership cities）と友好都市（friendship cities）を使い分けており、相模原市はトロント市の友好都市です。パートナー都市は経済分野での連携が中心で、市職員が交流を担当しているのに対し、友好都市との交流は市内の外国人コミュニティが企画立案に参画しています。

　また、姉妹都市関係は基本的には無期限に続きますが、横浜市の「パートナー都市」関係のように、テーマだけでなく期限も定めて交流を行うこともあります。

Column　コロナ禍での姉妹都市交流

　本書の執筆の時点では、新型コロナウイルスによって海外との往来を伴う交流が極めて困難になっていますが、こうした中でも工夫をしながら事業を行っている自治体があります。例えば、2020年には次のような取組が実施されました。

・京都市はメキシコ・グアダラハラ市との姉妹都市提携の40周年記念事業として、両市の児童が作成した絵画をインターネット上の仮想空間に展示する「バーチャル児童絵画展」を開催しました。

・名古屋市はオーストラリア・シドニー市との姉妹都市提携40周年を記念して、シドニーの文化・歴史紹介やこれまでの交流の様子等の動画を放映し、オンラインで誰でも視聴できるようにしました。

・神奈川県横須賀市は、海外の姉妹都市４市と例年開催してきた青少年交流事業「国際ユースフォーラム」をオンラインで行いました。当日は事前に作成した動画の放映やプレゼンテーションなどを通じて交流しました。

　このほか、ウェブ会議などを活用して様々な交流が行われています。オンラインでの交流は、対面での交流よりも関係が希薄になりやすい一方で、多数の人が費用をかけずに、気軽に参加できる企画を立てやすいなどの利点もあります。

自治体レベル以外での姉妹関係

　姉妹関係は都市同士でなく、都市の施設や資源などで締結することもあります。例としては以下のものが挙げられます。

・姉妹校：海外の学校と関係を結んで生徒や教員の交流を行うことで、生徒の語学力や、国際理解の向上を図るもの。姉妹都市内の学校同士で締結することもあります。英語学習の一環として、特に英語圏の学校との関係構築が人気です。

・姉妹港：日本港湾協会が挙げている日本の主要14港全てに姉妹港または友好港があり、最も関係の多い大阪港には６つの姉妹港、１つの友好港、４つの交流港があります。

・姉妹図書館：淡路市立図書館とアメリカのウエストブルームフィールド図書館など。書籍の交換や図書館員の交流などを行います。

・姉妹動物園：オーストラリアのタロンガ動物園と姉妹動物園提携を結んでいる名古屋市東山動植物園がコアラの贈呈を受けるなど、動物の贈呈、飼育に関するノウハウの提供などで交流しています。

・姉妹博物館：福井県立恐竜博物館と海外の恐竜博物館（カナダのロイヤル・ティレル古生物学博物館、中国科学院古脊椎動物古人類研究所）など。学術

研究や展示、資料収集などの協力を行います。

・姉妹湿地：釧路地方の湿地とオーストラリアのハンター河口湿地では、オオジシギという鳥が夏は北海道の湿地等で繁殖、冬はオーストラリアの湿地で越冬することから、姉妹湿地提携を結んでいます。

このほか、姉妹植物園、姉妹庭園、姉妹ストリート、姉妹橋、姉妹河川、姉妹城など、様々な姉妹関係の形があり、地域が持つ自然や施設などのリソースを活かした国際交流が行われています。こうした姉妹関係は個別の施設が独自に結ぶこともありますが、姉妹都市関係の下で両都市のサポートを得ながら、姉妹提携することもあります。例えば、2004年に外務大臣表彰を受賞した札幌市とアメリカ・ポートランド市の姉妹都市交流では、2019年時点で札幌市内の102団体がポートランド市内の団体と姉妹提携を結んでいます。

親善交流から課題解決型の交流へ

先に述べた自治体における国際交流の変遷を見ても明らかなように、自治体の国際交流では早期から姉妹都市交流が中心的な役割を担ってきました。しかし、近年、特に大都市や都道府県においては親善交流を目的とした姉妹都市交流よりも実務的な交流が好まれているように見受けられます。

既存の姉妹都市関係を親善交流からWin-Winの交流にするために、ロシア・レニングラード州から高度技術研修生の受入を開始した京都府など、姉妹都市関係を発展させることもありますが、一部の海外都市では、新たな姉妹都市提携は行わないことを明確に打ち出したり、経済的利益をもたらさない姉妹都市交流事業を打ち切りにするなどの動きも出てきています。

後述のように特定のテーマでの課題解決を目指す都市間ネットワークの数が増えており、今後、包括的な親善交流である姉妹都市交流よりも課題解決型の交流が自治体の国際業務の中心になってくることも想定されます。

（2）合意書の締結、共同声明の発表など

　海外都市との間で、MoU（Memorandum of Understanding、「合意書」「協定」「覚書」などと訳されます）を締結することや共同声明（共同コミュニケ）を発出することなどです。

　姉妹都市交流が幅広い分野の交流を前提としているのに対し、MoUを締結する場合にはいくつかの分野に限定した交流が一般的です。例えば、海外での気候変動対策の取組を学んで、政策に活かしたいときに、気候変動対策の分野で先進都市と合意書を締結して、ノウハウを提供してもらうなどの交流が考えられます。ただし、都市間での提携をする際には、相互に利益があることが前提になりますので、こちらからも相手都市に何か提供できるものを見つける必要があります。

　合意書の締結までの手続きは、姉妹都市関係の手続きとほぼ同様で、相手都市への打診や合意書の内容の協議を経て調印式を行いますが、分野が限定されていて双方に実利が見えやすいことや、議会の承認を得なくてもできる点では姉妹都市関係よりも締結しやすいものになります。ただし、包括的な連携である姉妹都市とは異なり、双方の利益とするためには庁内のその分野の担当部署が積極的であることが重要です。なお、特定分野に限定した関係ですので、国際業務の担当部署を介さずに、自治体の所管部署が海外都市の所管部署と直接やり取りをして合意書を締結することもあります。

　海外都市に姉妹都市連携の話を持ち掛けたときに「まずは、実務的な交流から」という返事があることもありますが、その場合には、双方に利益のある形での合意書締結などを提案することもできるでしょう。

　なお、基本的には合意書に法的な拘束力はありませんので、締結したとしても必ずしもノウハウを全て提供してくれたり、あらゆる場面で協力してくれたりするというものではありません。

　共同声明（共同声明＝Joint Statement、コミュニケ＝Communique、共同宣言＝Joint Declarationなど）は、文書による行政機関等の意思表示、あるいは公式な会議の場でその経過を発表する声明書のことで、自治体が海外の都市と

の交流・協力の合意を共同声明、コミュニケなどとして発表する場合があります。例えば、横浜市は5つの海外都市と「共に成長する」理念を共有し、分野を特定して交流・協力の合意を共同声明（Joint Statement）として発表しています。また、都市のネットワークであるUrban 20は、G20がU20とともに取り組むべき重要事項を列挙したコミュニケを毎年発表し、G20首脳に働きかけを行っています。

（3）海外都市訪問

　姉妹都市などの関係を結んでいない場合でも、首長や職員が海外都市を訪問し、交流を行うことがあります。ある集計によれば2016年には、首長の海外出張は179件でした[5]。姉妹都市交流など協定に基づく交流以外で、自治体の首長や職員が海外出張を行う事由としては、主に次のようなものがあります。

・海外イベント・会議への参加：海外で開催されるイベントや国際会議などに参加するもの。
・販路開拓・観光PR：首長が地域企業を伴って出張し、海外で地域産品の販路開拓を行うトップセールスや観光PRを行うシティセールスのように、経済的な利益を目的として海外都市を訪問するもの。
・先進事例の調査：特定の分野で先進的な取組を行う海外都市を訪問し、現場視察や担当者への聞き取りを通じてノウハウを学び、地域の政策立案等に活かすもの。

　また、これらの出張で海外都市を訪問した際には、相手都市の首長などを訪問する表敬訪問を行うこともあります。表敬訪問は先方に敬意を表すための公式な訪問です（第5章2（3）参照）。

5　鈴木厚（2017）「自治体首長トップセールスの有用性」『サービス経営学部研究紀要』第30号、12頁

（4）海外からの訪問受入

　姉妹都市などの関係の有無に限らず、先進的な取組を行う自治体には海外からの視察団が来訪することも多くなっています。日本で進んだ取組を行っている上下水道、環境、防災などの分野は特に海外からの関心も高く、海外都市の訪問団にこうした施設を案内しながらその技術を説明したり、自治体の政策についてプレゼンテーションを行うことがあります。

　また、地域に別の目的で来訪した海外都市の一行が表敬訪問として首長を訪問することもあります。儀礼的なものとはいえ、首長との面会の中で新たな関係の構築や、新たな政策のアイデアにもつながることがあります。

（5）駐在事務所の設立・職員派遣

　自治体国際化協会によれば、2019年9月時点で、日本の自治体の海外拠点は283あります。これらには、現地に職員が駐在する場合と、現地在住者に業務委託して自治体の地域産品や観光のPR等を行ってもらう場合があります。自治体が独自に設置した海外事務所は72あり、そのうち62がアジア・オセアニア地域にあります。中でも急速な経済発展を遂げ、地理的にも近接した中国には半数以上の38事務所が置かれています[6]。

　海外事務所の設置形式には、主に次のようなものがあります。

・単一自治体で設置：自治体独自の事務所を海外に設置するものです。事務所の賃料など高額な費用がかかることに加え、事務所として機能するだけの人員や物品が必要となります。なお、所員全員が自治体職員である必要はなく、所長のみが職員で、あとはその自治体と関係の深い地元の銀行や域内の市町村などからの出向者または現地で雇うアシスタントのみということもあります。

---

[6]　自治体国際化協会（2020）「「自治体の海外拠点一覧」（R1. 9月末現在）を取りまとめました。」http://www.clair.or.jp/docs/press_release_20200331.pdf

・複数自治体で共同設置：海外事務所の運営に必要な費用や人員を削減するために、複数の自治体が共同で海外事務所を設置するものです。また、自治体以外と連携して海外事務所を設置するケースもあります。例えば、PRキャラクターが中国でも高い人気を集めている熊本県は、熊本市に加え、熊本大学と共同で上海事務所を設置しています。

・海外都市の役所内に設置：姉妹都市などの海外都市の事務所内のスペースを借りて自治体の事務所を設立し、職員が駐在するものです。代わりに相手都市が職員をこちらに派遣するなど、相互に派遣を行うこともあります。費用を抑えられる上、相手都市の事務所内で連絡を密に行うことができますが、場所などを提供してもらうため、相手都市との交渉を要します。

・自治体国際化協会海外事務所への駐在員派遣等：自治体国際化協会の一部の海外事務所では、事務所内に席を置いて派遣元自治体の業務に専念する「駐在員」を受け入れています。また、この駐在員派遣以外でも、外務省の在外公館や、自治体国際化協会、JETRO、地方銀行などの海外事務所に職員を派遣し、派遣先の業務を行う傍ら自治体の代表としての業務にも従事するような事例もあります。

　自治体国際化協会の調査によれば、自治体が海外事務所を持つメリットとして、主に次のものがあるとされています[7]。

①現地での迅速かつ的確な情報収集が可能になる。
②現地政府・企業等とのネットワークが構築・強化できる。
③現地ニーズを的確に把握し、機動的・柔軟な事業展開が可能である。
④トップセールスや県内企業等の現地活動にきめ細やかな支援が可能である。
⑤現地での関係機関との連絡調整や交渉がスムーズになる。

7　原志津子（2013）「自治体の海外拠点の現状から見る今後の自治体海外活動について」一般財団法人自治体国際化協会『自治体国際化フォーラム』2013年5月号、4頁

⑥地方政府間交流、観光・物産PR、直行便誘致等で実際に成果がある。

　また、これらの他にも、海外事務所等への職員派遣は、職員の国際感覚や語学能力を育成し、地域の国際化を図る上でも、効果的であると考えられます。しかし、海外事務所の開設で最も問題となるのが、その運営コストです。今日では単に連絡調整を行うだけであれば、メールやウェブ会議で十分ですので、地域企業と現地企業の関係構築や観光PRなどで十分な成果を見込んだ上で、海外事務所を設立する必要があるでしょう。

（6）国際協力

　1960年代以降、国際機関や先進国の政府は開発途上国の援助に取り組んできましたが、80年代には自治体の行う国際協力への期待も高まり、1985年には地域からの国際協力に関するはじめての本格的な国際会議となったケルン会議（都市と開発欧州会議）が開催されました。この会議で採択された「ケルン憲章」において、「CDI」（Community based Development Initiatives、地域主体型開発協力）という言葉も使われ、以降、都市による国際協力が盛んになりました。

　日本でも一部の自治体においては先駆的に国際協力が行われてきましたが、90年代になると、広く国際協力の必要性が叫ばれるようになりました。1991年に外務省が、自治体職員が専門家として途上国で技術移転を支援する際の補助制度を創設し、旧自治省においても、1995年に「自治体国際協力推進大綱の策定に関する指針について」（平成7年4月13日付自治国第5号）で自治体を中心とする国際協力の取組が重要となってきているという認識を示しました。この指針によって、各都道府県と指定都市で、国際協力に関する明確な理念と方針を規定した大綱（自治体国際協力推進大綱）の策定が進みました。

　現在、自治体レベルで行われている国際協力としては主に次のようなものがあります。

・研修生の受入れ：発展途上国の都市などからの研修生を受け入れ、上下水道、環境政策などの分野で日本の自治体の技術やノウハウを学ぶ機会を提供するものです。例えば、神奈川県では、県の試験研究機関等に、開発途上国を中心とした地域から中堅人材や指導者層を政策研修員として受け入れています。特に、同県は2019年にベトナム政府と覚書を締結し、同国と人材育成において協力することを記載しています。

・ODA（政府開発援助）の活用：ODAは「開発途上地域の開発を主たる目的とする政府及び政府関係機関による国際協力活動[8]」ですので、本来は政府によって行われる支援になります。しかし、1999年に閣議決定された「ODA中期政策」の中で、自治体との連携の必要性が言及されて以降、外務省やJICAが自治体と連携して行うODA事業が増えました。具体的な事例は外務省のホームページ上で紹介されていますが、ODAの一環としてJICA（第3章1（4）参照）が行う「草の根技術協力」に地域活性化特別枠が設けられており、この事業を通じて沖縄県宮古島市がサモアでの水道事業運営を支援するなどの取組が行われてきました。

・JICAへの職員派遣：国際協力を中心的に担うJICAでは、毎年多くの人々を海外協力隊として発展途上国に派遣しており、自治体に対しても、所属先の身分を残したまま参加する「現職参加」の促進を依頼しています。自治体によって取扱いは異なりますが、職員をJICAに派遣することで、ノウハウを発展途上国の都市などに伝えることができます。また、自治体職員以外のJICA派遣者と自治体が協力している事例もあります。例えば、三重県では2006年に、県民主体の国際貢献活動を支援するために「みえ国際協力大使」制度を開始しました。これは、JICAの海外協力隊に参加する三重県出身者等に同大

8　外務省「開発協力，ODA って何だろう」
https://www.mofa.go.jp/mofaj/gaiko/oda/about/oda/oda.html

使を委嘱し、派遣国と三重県との交流促進を図るものです。

・専門家の派遣・技術移転：JICAへの派遣事業を利用するのではなく、自治体が独自に専門家派遣などを通じて発展途上国の都市に技術移転をするものです。後述の横浜市などが独自に派遣を実施しています。また、福岡県や福岡市では海外都市に職員派遣などを行い、「福岡方式」と呼ばれるごみ埋立技術の普及を促進しています。

・世界銀行・NGO等の協力による支援：世界銀行の東京開発ラーニングセンターでは、途上国向けに都市開発の専門知識を提供するために、国内の6自治体（横浜市、富山県富山市、神戸市、北九州市、福岡市、京都市）と連携して「都市間パートナーシッププログラム」を展開しています。この連携の下、自治体が途上国向けの研修などを行っています。その他、自治体が国際協力に携わるNGOと連携する事例もあります。

・被災地支援等：震災や水害などの被害にあった海外都市に、物資や支援金等を贈って支援を行うものです。開発途上国に限らず行われるもので、2011年の東日本大震災でも海外都市から東北の自治体にこうした支援が行われました。

　国際協力に積極的な自治体として、横浜市が挙げられます。横浜市水道局では、1973年から職員の途上国派遣を開始し、1987年からは海外からの研修員の受入れも行っています。また、JICAやCITYNET（本章2（1）参照）を通じた国際協力も行ってきました。2011年には、国際技術協力課を設置し、新興国等での持続可能な都市づくりや市内企業のビジネス展開を支援するY-PORT事業を実施。2018年に制定した「横浜市国際平和の推進に関する条例」の中でも、「市は、都市の課題の解決に向けた国際協力の推進に努めるものとする」として、国際協力の推進を掲げています。

そのほか、公害克服のノウハウを活かした国際協力を進めて、国連の「グローバル500」や「国連地方自治体表彰」を受賞した北九州市などが、先進的な取組を進めてきました。

こうした国際協力は、自治体の予算や人材を使って一方的に海外を支援するものとも考えられがちです。しかし、支援をする側の自治体にもメリットはあります。まず、自治体職員を海外に派遣することで、職員の専門能力の向上につながるため、人材育成の点での効果が見込めます。また、海外への技術移転では、地域企業の技術を活用することで、その企業の海外展開を支援することができます。さらに、2020年の新型コロナウイルスの感染拡大時には、初期に日本の自治体が中国の都市に医療用マスクなどの支援物資を送った一方で、日本で感染が拡大した際には、中国から支援物資が送られるなど、それぞれの局面に合わせた双方向の国際協力が見られました。

2 マルチラテラルな交流（多都市間交流）

(1) 都市間ネットワーク

姉妹・都市関係が一対一の関係であるのに対し、複数の都市と関係を結ぶ場合には都市間ネットワークを構築することがあります。地方行政のノウハウを複数都市と共有し、議論を行うことで、政策の質の向上などを図ることを目的として設立されることが一般的です。

大別すると①テーマを限定しない包括的なネットワークと、②アジア・太平洋地域など特定の地域に限定したネットワーク、③特定の条件に該当する都市によるネットワーク、④特定テーマの課題解決を目標としたネットワークがあり、例としては以下のようなものが挙げられます。なお、加盟都市の数などのデータは執筆時のものです。

①包括的なネットワーク

・都市・自治体連合（UCLG）：それまでにあった都市ネットワークである国際
　自治体連合（IULA）、世界都市連合（UTO）、世界大都市圏協会（Metropolis）
　の統合組織として2004年に設立。本部はスペイン・バルセロナ市にあります
　が、アジア太平洋支部（ASPAC）など、地域ごとに支部を置き、首都や人
　口100万人以上の都市を対象とした大都市支部（Metropolis）も設けられて
　います。世界で1,000都市以上が加盟していますが、日本の自治体では唯一、浜
　松市が加盟しています[9]。

・世界市長会議（Global Parliament of Mayors）：アメリカの政治学者・ベン
　ジャミン・バーバー氏が提唱した理念に基づいて2016年に設立された合議
　体で、世界規模の課題に取り組んでいます。全大陸から40人の市長が参加し
　ています。

②地域的なネットワーク

・CITYNET（アジア太平洋都市間協力ネットワーク）：アジア太平洋地域の都
　市問題の改善・解決を目指して1987年に設立。横浜市に事務局を置いていま
　したが、2013年にソウル特別市に移転。アジア太平洋地域から100都市以上が
　加盟しています。日本の自治体では横浜市のみが参加しています。

・EURO CITIES：全ての欧州都市の市民が質の高い生活を送れるようにする
　ことを目的として、1986年に設立。145の加盟都市に加えて、50以上のパート
　ナー都市があります。

・アジア太平洋都市サミット（Asian-Pacific City Summit）[10]：アジア太平洋地
　域の諸都市の相互協力や発展を目的に1994年から開催されているサミット。
　15か国から32都市が加盟。福岡市に事務局があり、日本からは九州・沖縄の

9　自治体以外では、自治体国際化協会なども加盟。
10　名称の似たものとして、オーストラリア・ブリスベン市が主導する「アジア太平洋都市サ
　　ミット・市長フォーラム」（Asia Pacific Cities Summit & Mayors' Forum）というもの
　　もありますが、こちらは会員都市に限定して会議を開催するネットワークではなく、毎年
　　幅広く参加都市を募る国際会議になっています。

9市が加盟。

・日ロ沿岸市長会：日本の日本海沿岸地域とロシア連邦極東シベリア地域の友好親善と経済協力を促進し、両地域の発展を図るため1970年に設立（1992年に「日ソ沿岸市長会」から名称変更）。新潟市長が代表幹事を務め、新潟市に事務所を置いています。日ロ31都市が加盟。

・東アジア経済交流推進機構（The Organization for the East Asia Economic Development）：北九州市と山口県下関市が中韓の姉妹都市とともに、環黄海地域における新たな経済圏の形成を目的に1991年に開始した会議を基に、2004年に設立されたプラットフォーム。日中韓の11都市とその地域の商工会議所等が参加。

③特定の条件に該当する都市のネットワーク

・ユネスコ創造都市ネットワーク（UNESCO Creative Cities Network）：ユネスコが文学、映画、音楽、工芸、デザイン、メディアアート、食文化の7分野のそれぞれで世界の特色ある都市を認定。各分野の都市の連携によって都市の活性化や文化多様性への理解増進を図るもの。日本からは山形県山形市（映画）や浜松市（音楽）などが加盟しています。

・ピースメッセンジャー都市国際協会（International Association of Peace Messenger Cities）：国連からピースメッセンジャー賞を授与された都市からなる組織。日本からは横浜市や広島市、長崎県長崎市などが加盟しています。

・U20（Urban 20）：2017年にC40（次頁参照）、UCLGとの連携の下、ブエノスアイレス市長及びパリ市長の呼びかけにより設立されたプラットフォーム。G20の議論に、都市の経験や意見を反映させることを活動主旨としており、G20加盟国の首都や大都市が加盟。日本からは東京都と大阪市が加盟しています。

・世界冬の都市市長会（World Winter Cities Association for Mayors）：1982年に札幌市が「北方都市会議」を開催したことに始まり、2004年に現在の名

称に変更。積雪寒冷の環境にある都市が、快適な冬のまちづくりに有益な情報や技術の共有などを行いながら、協力して地球環境問題などに取り組むもの。9か国から23都市が加盟しています。

④特定テーマの課題解決を目的としたネットワーク

・平和首長会議（Mayors for Peace）：1982年に広島市の呼びかけで設立された、反核運動を促進する世界の都市からなる国際機構。2013年に現在の名称に変更。2021年8月現在、165か国・地域から8,043都市が加盟。

・国際環境自治体協議会（International Council for Local Environmental Initiative, ICLEI）：1990年に持続可能な都市づくりを目的として設立。ニューヨークの国連本部で行われた「持続可能な未来のための自治体世界会議」で設立が決定されました。現在は、ドイツ・ボン市に世界事務局を置き、日本を含む16の地域に事務所を設置しています。日本の21自治体を含め、1,750以上の都市が加盟しています。

・健康都市連合（Alliance for Healthy Cities, AFHC）：都市の居住者の健康増進や生活の質の向上を目的としたネットワーク。WHOが始めた「健康都市」の取組を進めています。2003年に発足し、200都市以上が加盟。日本からも第3回国際大会を開催した千葉県市川市など35の都市が加盟しています。

・World Smart Sustainable Cities Organization（WeGO）：eガバメントの推進による行政の効率化や透明性の向上、オンラインでのサービス提供の増加などを目的として2010年に設立されたネットワーク。ソウル特別市に事務局・本部、世界5都市に地域事務所を置き、127都市が加盟。

・世界歴史都市連盟（League of Historical Cities）：「歴史都市の保存と開発」という歴史都市が直面している課題の解決を目的とする連盟。1994年に京都市で開催した「第4回世界歴史都市会議」において発足が決定されました。66か国・地域から121都市が加盟。京都市長が会長を務め、市内に事務局を置いています。

・世界大都市気候先導グループ（The Large Cities Climate Leadership Group,

C 40）：2005年に当時のロンドン市長が、温室効果ガスの排出削減や気候変
動対策の推進等を目的に設立したネットワーク。運営費用はブルームバーグ
財団などが出資しており、東京都と横浜市を含め、世界から97の大都市など
が加盟しています。

・デジタル権都市連合（Cities for Digital Rights）：インターネット上での人
権保護などを目的として、2018年にニューヨーク市長・バルセロナ市長・ア
ムステルダム市長の呼びかけで発足。49都市が加盟。

・虹の都市ネットワーク（Rainbow Cities Network）：LGBT関連政策の情報
交換を行う欧州の都市間ネットワーク。ベルリン市やパリ市など、欧州の大
都市を中心に37都市が加盟。

・Déliceネットワーク（Délice Network）：食文化の発展を目的にフランス・
リヨン市が2007年に設立した都市間ネットワーク。4大陸から32都市が加盟
し、日本からは食を軸とした都市戦略を推進する神戸市が加盟しています。

・危機管理ネットワーク（Network for Crisis Management）：自然災害など大
都市が直面する危機に対し、都市が連携して経験やノウハウの共有、人材育
成に取り組むことを目的として、東京都が2003年に設立したネットワーク。
東京都が幹事都市として事務局機能を担い、14都市が参加。毎年、持ち回り
で総会を開催するほか、加盟都市が東京都の総合防災訓練に参加しています。

・男女共同参画のための都市ハブ・ネットワーク（City Hub and Network
for Gender Equity, CHANGE）：男女共同参画の推進に向けた都市間ネット
ワーク。2020年にロサンゼルス市がバルセロナ市、ロンドン市、メキシコシ
ティ、シエラレオネ・フリータウン、東京都と共同で設立しました。

2018年にシカゴ・グローバル評議会（Chicago Council on Global Affairs）
がユニバーシティ・カレッジ・ロンドン、メルボルン大学と共同で世界の27都
市を対象に行った調査によれば、約9割の都市が何らかの都市間ネットワーク
に加盟しています[11]。また、近年では特定テーマでのネットワークが増えてお
り、特に環境分野でのネットワークが多数設立されているようです。この調査

の対象は大都市中心ですし、都市間ネットワークに加盟する自治体は大都市が多くなっていますが、大都市でなければこれらの活動をできないというわけではありません。

人口5万人弱の愛知県新城市でも、1998年に世界で「新しい城」という意味の名称の都市を集めた「世界新城サミット」を開催してから、「ニューキャッスル・アライアンス」というネットワークを築き、以降隔年で参加都市の持ち回りで同サミットを開催しています。

都市のネットワークを主導するのは都市や国際機関ですが、2014年にミシュランが自社の生産拠点や開発拠点のある自治体を対象に創設した「ミシュラン都市の国際ネットワーク」(International Network of Michelin Cities) のように、企業主導の都市間ネットワークも出てきています。

以上が都市間ネットワークの概要ですが、会費がかかる場合があることに加え、加盟によって事務運営の作業が発生したり、ネットワークで定めた目標を達成するために数値目標の設定義務が課されたりすることがあります。自治体の国際的なプレゼンスを高める機会にはなりますが、これらの費用や手間を勘案しつつ、加盟を検討する必要があります。また、都市として加盟するものの他に、OECD Champion Mayorsのように首長名で加盟するものがあります。

(2) 国際会議

今日では都市が中心となった国際会議が毎年多数、開催されています。大規模なものでは、国連ハビタット（国際連合人間居住計画）が開催する「世界都市フォーラム」（World Urban Forum）やシンガポール政府が開催する「世界都市サミット」（World Cities Summit）などがあります。また、国連の会議の分科会で都市をテーマに扱う場合など、会議自体は都市を主体としていなくて

---

11 Acuto. M. et al. (2018), Toward City Diplomacy: Assessing capacity in select global cities, The Chicago Council on Global Affairs, p.8.

も、都市が招待されることもあります。

　国際会議に参加して発表の機会をもらえば、自治体の取組を世界に発信する機会になりますし、他の海外都市のプレゼンテーションを聞くことで、海外都市の先進事例を学ぶことができます。また、会議のプログラムの中では、他の都市の関係者と交流するネットワーキングイベントが設けられることが一般的ですので、海外都市との関係を築く機会にもなります。

　なお、先述の都市間ネットワークでも毎年または隔年など定期的に世界の都市が集まる大小様々な会議を開催しています。これらも国際会議と言うことはできますが、ネットワークに加盟していることが前提となりますので、参加する都市が限定的です。ここでは、特定のネットワークへの参加都市に固定されずに、あらゆる都市が参加できるものや、自治体が普段から交流している都市対象に幅広く招待しているものを「国際会議」として扱います。

　国際会議には首長を対象としたものや、特定の分野の担当者が参加するものなどがあります。通常、首長を対象としたものは、都市の課題全般に関する会議で、より個別のテーマに限定したものは担当者向けとなります。

　日本の自治体が開催する国際会議の事例としては、横浜市が開催する「アジア・スマートシティ会議」（Asia Smart City Conference, ASCC）や東京都が開催する「グローバルパートナーズセミナー」（Global Partners Seminar）、自治体国際化協会等が開催している日中韓3か国地方政府交流会議などがあります。これらは定期的に開催しているものですが、首長の意向や時勢によって単発で国際会議を開催することもあります。また、国連機関や国が主催する国際会議に自治体が共催などの形で協力することもあります。

　国際会議を開催し、海外都市を招聘することで、自治体の取組を国際社会にPRできることに加え、各都市との関係を強化することができます。

（3）宣言・誓約

　国際業務には、宣言（declaration）や誓約（covenant）の発出も含まれま

す。宣言は、自治体が政策課題などについて主張や方針を示すもので、それを通じて都市間の協力を促進したり、国際的に都市の立場をPRしたりできます。

　例えば、アメリカではトランプ政権下でパリ協定から離脱を決定したことに対し、シカゴ市長（当時）が温室効果ガスの排出削減の重要性を訴え、「シカゴ気候宣言」（Chicago Climate Charter）を発出し、世界の70都市以上がこれに賛同して署名をしました。

　また、非常に多くの都市が参加しているものでは、「世界気候・エネルギー首長誓約」（Global Covenant of Mayors for Climate & Energy）があります。これはEUが進めてきた「気候エネルギー首長誓約」（Covenant of Mayors for Climate and Energy）と、「都市・気候変動」担当国連特使のマイケル・ブルームバーグ氏（元ニューヨーク市長）などが進めてきた「気候変動政策に関する首長誓約（Compact of Mayors）」が2016年に合流してできたもので、世界の１万以上の都市（日本からは31自治体）が署名しています。

　気候変動対策では、「気候非常事態宣言」（Climate Emergency Declaration）というものもあります。オーストラリア・デアビン市が気候変動への対応の必要性を訴えて2016年に「気候非常事態宣言」を発出して以降、2021年８月現在で34か国から2,011の国・都市などが同宣言を発出しています。

　宣言・誓約には各都市が個別に発出するものと、一つの宣言に各都市が署名をしていくものがあります。前述の「気候非常事態宣言」は前者、「シカゴ気候宣言」と「世界気候・エネルギー首長誓約」は後者になります。また、都市が国際会議を開催し、参加都市と調整して宣言の内容を調整の上、会議の最後で採択・発出するようなものもあります。

　これらの宣言の発出に当たって、中心的な役割を果たした都市は国際社会でその存在感を高めることもできます。例えば、SDGsの達成に向けた取組をアピールするニューヨーク市では2019年９月に「自発的自治体レビュー宣言」（Voluntary Local Review Declaration）を発出し、世界の都市の署名を集めて国連に提出するなど、宣言を通じてその重要性や取組の状況をPRしています。

③ その他の国際業務

（1）多文化共生の推進

　近年、国際関係の政策の中でも注目を集めているものが多文化共生施策です。1990年代に外国からの移住労働者が急増したことなどを背景に、総務省は2006年に「地域における多文化共生推進プラン」を作成し、従来の「国際交流」と「国際協力」に加えて、「地域における多文化共生」を第3の柱として地域の国際化の促進が求められるとの見解を示しました。

　グローバル化の進展により地域に住む外国人が増えていますが、地域社会に構成員として馴染めなければ、地域で安心して生活し、活躍することができません。他の国際業務が主に対外的なもの（外向きの国際化）なのに対し、多文化共生施策は「内なる国際化」のためのものと言われます。

　総務省では、2020年に改訂した「地域における多文化共生推進プラン」の中で、自治体の多文化共生の指針・計画において記述すべき施策として次のものをあげています[12]。

①コミュニケーション支援
　・行政・生活情報の多言語化、相談体制の整備
　・日本語教育の推進
　・生活オリエンテーションの実施
②生活支援
　・教育機会の確保
　・適正な労働環境の確保

12　総務省「地域における多文化共生推進プラン（改訂）」
　　https://www.soumu.go.jp/main_content/000706218.pdf

・災害時の支援体制の整備

・医療・保健サービスの提供

・子ども・子育て及び福祉サービスの提供

・住宅確保のための支援

・感染症流行時における対応

③意識啓発と社会参画支援

・多文化共生の意識啓発・醸成

・外国人住民の社会参画支援

④地域活性化の推進やグローバル化への対応

・外国人住民との連携・協働による地域活性化の推進・グローバル化への対応

・留学生の地域における就職促進

2021年4月時点で、全自治体の半数以上が多文化共生の推進のための指針や計画を策定しており、特に、都道府県・政令指定都市では全ての自治体が策定しています[13]。多文化共生は国際担当部署が所管していることが多いですが、市民生活の部署などに置かれていることもありますし、教育や防災など多分野にわたるため、複数部署での協力体制が必要となります。

総務省では2017年に「多文化共生事例集〜多文化共生推進プランから10年 共に拓く地域の未来〜」を作成していますし、自治体国際化協会でも全国の取組事例を集めた多文化共生ポータルサイトの運営や各国の事例調査を行っていますので、これらの事例集などを参考にして政策を進めることができます。

また、オーストラリアやカナダなどが先進的な取組を行う国として知られており、自治体国際化協会では自治体職員や地域国際化協会職員等向けに「豪州多文化主義政策交流プログラム」というオーストラリア派遣事業も実施しています。

13　総務省（2021）「多文化共生の推進に係る指針・計画の策定状況」
　　https://www.soumu.go.jp/main_content/000754475.pdf

（2）経済交流の促進

　国際担当部署は商工系の部署の下に置かれている場合もあります。こうした自治体では、地域産品の販路開拓など、経済的な利益を重視していることが多いでしょう。海外都市との経済交流には、主に次のようなものがあります。

・地域産品の販路開拓：地域経済の活性化のため、海外に新たな販路を開拓するものです。海外の物産展でのブース出展や越境EC（電子商取引）の利用拡大などに加えて、首長が地域企業などと共に海外を訪問し、海外都市や現地企業などに直接PRをする「トップセールス」も行われています。首長のトップセールスの事例としては、現地バイヤーとの商談会の開催、現地メディア向けのPRイベントの開催、レセプションの開催による現地の関係者との交流などがあります。

・海外企業誘致：自治体のビジネス環境の魅力を海外で発信することなどによって、海外企業を誘致し、地域にオフィス等を置いてもらうものです。外国企業が地域に事務所を設置することで、税収の増加や地元企業との交流による産業の活発化が見込めます。東京都や大阪府のように、特区制度を活用したり、外国企業誘致の専門団体を立ち上げたりする事例があります。JETROでは外国企業誘致を行う自治体への支援も行っていますので、ノウハウや海外とのネットワークがない場合には、こうした団体の協力を得ながら進めていくこともできます。外国企業を誘致する上では、外国人居住環境の整備など、進出先として選ばれるだけのビジネス環境を整備することが求められるため、並行して多文化共生の地域づくりを行う必要があります。

・海外企業とのビジネスマッチング：地域産品の販路開拓に留まらず、幅広くビジネスマッチングを行い、海外との経済交流を促進するものです。例えば、北海道では「北海道・ロシア協力プラットフォーム」を設置し、ロシアビジネスや友好・人的交流に取り組んでいる企業や、これから取り組む予定の企

業などを集め、情報共有やウェブ会合の開催などによって北海道・ロシア間の経済交流を促進しています。

・観光客誘致：海外で地域の観光資源などの魅力を発信し、外国人観光客を地域に誘致するものです。独自にシティセールスを行ったり、旅行博のような海外のイベント等に出展したり、影響力の高いインフルエンサーを地域に招いたりすることに加え、海外都市と協定を結んで相互に観光PRを行うことなどがあります。

・MICE誘致：企業等の会議（Meeting）、企業等の行う報奨・研修旅行（Incentive Travel）、国際機関や学会が行う会議（Convention）、展示会やイベント（Exhibition/Event）を誘致するものです。国際的な会議やスポーツイベントなどには海外から多くの人が集まるため、地域への大きな経済波及効果が期待できます。MICEの誘致や運営は国際担当部署以外の部署が行うこともありますが、特に、国際博覧会（万博）などの大規模イベントでは、海外都市の要人を含めた多くの外国人が来日しますので、国際担当部署としても交流推進の機会として活用することができます。

（3）国際戦略の策定

　多くの都道府県・政令指定都市では、国際戦略を策定しています。国際戦略は、自治体の国際交流の指針となるものです。各自治体が抱える課題を明確に把握した上で、国際交流によって目指す目標を定め、その達成に向けた方針を記します。

　国際戦略は、国際担当部署が中心となって策定するものですが、観光、経済、地域政策など様々な分野での国際化が求められていますので、部署横断的に様々な国際事業を一つの戦略の中にまとめることもあります。

　例えば、北海道総合政策部国際局国際課では、2017年12月に「北海道グローバル戦略～世界をより身近に、世界を舞台に活躍～」を策定しています。これ

は、それまでに国際課で策定していた計画と、経済部国際経済室で策定していた計画を統合したもので、両部署が密に協力して策定したものです。この戦略の策定以後、道では関係課の横断的なプロジェクトチームが立ち上げられ、情報交換や施策連携が行われています。

（4）海外情報の収集

　国際担当課では、日頃から幅広く海外の情報収集を行う必要があります。BBCやCNNなどの海外メディアやロイターのような通信社の発信する情報を収集します。特定の国や地域の情報を調べる際には、その国や地域の現地新聞などのメディアを参照する場合もあります。

　また、特定のテーマで海外都市の政策情報などを収集する場合には、ネット検索が中心となりますが、日本の情報を収集するときと同様に、海外都市の公式ページなどから正確な情報を探します。国別の統計を探す際には国連やOECDなど国際機関のデータが便利ですが、都市のデータを各都市の公開情報から集めて比較する場合には、都市によって公開している情報は異なりますので、注意が必要です。

　また、海外都市のデータを参照したとしても、根底となる制度が異なるため、そのまま参照できないこともあります。例えば、海外都市の固定資産税の税収について調べるとします。税収や全体の歳入に占める固定資産税の割合のデータは調べられますが、そもそも「固定資産税」が日本と同じものなのかという点に疑問を持つ必要があります。土地のみが課税対象となり、家屋や償却資産は対象とならない国や、そもそも固定資産税がない国もあります。さらに、地方税の収税業務を都市ではなく国の機関が一括して行っている場合もあります。

　海外で効果を上げている先進事例を見つけたとしても、制度や文化の違いのため、それらが日本の自治体にそのまま適用できるわけではありません。各国の地方行政制度についてまとめた自治体国際化協会の「各国の地方自治」シリーズや、専門書ではないものの現地の事例に詳しい「クレアレポート」、比較地方自治の書籍などを参考にしながら、海外都市の行政制度への理解を深めること

で、収集した情報を政策立案に有効に活用できるようにする必要があります。

　各国の最新情報を入手する場合、海外都市、各国大使館、各地域の駐日代表部など各機関が発行しているニュースレターやメールマガジン、これらが公式に運用しているSNSなども役立ちます。加えて、国内自治体の海外との連携事例や海外都市の取組などの情報を収集する場合、外務省地方連携推進室のメールマガジン「グローカル通信」や自治体国際化協会の機関誌『自治体国際化フォーラム』やメールマガジン、全国市町村国際文化研修所の機関誌『国際文化研修』などが役立ちます。

　また、海外都市の団体の公式または要人の個人的なTwitterやFacebookなども役立ちます。特にTwitterは、近年では「ツイッター外交」（Twitter Diplomacy, Twiplomacy）という言葉も生まれるほど、政治の世界でも重用されていますので、Twitterを通じて様々な情報を得ることができます。

（5）JETプログラムの活用

　JETプログラム（The Japan Exchange and Teaching Programme）とは、総務省、外務省、文部科学省、自治体国際化協会が協力し、海外から青年を招致して自治体等で任用し、外国語教育の充実と地域の国際交流を図る事業です。2019年時点で、57か国から5,761人が参加しており、約1,000の自治体が参加者を受け入れています[14]。

　各JET参加者には、多い順にALT（外国語指導助手）、CIR（国際交流員）、SEA（スポーツ国際交流員）の職種があり、それぞれの職務を通じて地域の国際化や国際人材の育成などを行っています。

・ALT（外国語指導助手）：小・中・高校などで外国語指導の助手として職務に当たります。外国語授業の質を高めるための補助を行いますが、授業時間

14　JET Programme「JETとは」
　　http://jetprogramme.org/ja/about-jet/

だけでなく、給食や部活動の時間などでも子どもたちとの関わりを持つなど、外国への興味・関心を引き出す機会を提供しています。

・CIR（国際交流員）：自治体の国際担当部署などで、地域の国際交流活動に関する活動などに関わります。自治体の作成物の翻訳、外国人賓客の接遇、外国人目線での観光パンフレットの作成、地域での語学教室の開催による多文化共生の推進など、幅広く自治体の国際業務を支援します。

・SEA（スポーツ国際交流員）：特定のスポーツ分野で特に優秀な指導者と認められる青年たちで、スポーツを通じた地域の国際交流活動に関わります。スポーツ振興部局でのスポーツ事業の企画・立案などの協力・助言や、地域の優秀な選手への指導協力などを行います。

　具体的な活用事例は自治体国際化協会などが紹介していますが、JETプログラム参加者は子供の語学能力向上や国際理解教育の推進、地域の国際化などのため、日本各地で活躍しています。

　これまでに75か国から7万人以上が同プログラムに参加しましたが、最長5年の任期を終えた後、母国に帰ってからも親日・知日派として、また勤務した自治体の応援団として、日本のPRなどに協力している人も多くいます。特に、JET経験者の多い海外都市には、JETAA（JET Alumni Association）と呼ばれるJETプログラム参加者の同窓会があり、現地で日本文化のPRイベントなどを行っています。

（6）国際課題の把握と対応

　国際担当部署に求められる役割の一つが、海外情報を把握することです。個別のテーマについては、各テーマの所管部署が対応することもありますが、自治体の国際社会でのプレゼンスを高めるためには、国際部署が国際課題について理解し、その解決に積極的に取り組むことや、他部署に助言を行うことが重要です。

SDGs（持続可能な開発目標）

　SDGsは「Sustainable Development Goals」（持続可能な開発目標）の略称で、2015年9月の国連サミットで採択された「持続可能な開発のための2030アジェンダ」に記載された、2030年までに達成を目指す国際目標です。SDGsの前身である2001年に採択された「ミレニアム開発目標」（MDGs）は開発途上国を中心としたものでしたが、SDGsは先進国も対象としつつ、地球上の「誰一人取り残さない」（leave no one behind）こととしています。

　国連で採択された目標ですので、国レベルで達成すべきものではありますが、その65％は都市の協力なしでは達成できないとも言われており[15]、都市による取組が期待されています。こうした中、都市が積極的にSDGsの取組を進めていく動きが出ています。日本では内閣府が自治体を「SDGs未来都市」などに選定し、その取組を支援していますし、海外の都市もSDGsを用いて都市の取組のPRなどを行っています。

　ニューヨーク市は2018年7月の国連ハイレベル政治フォーラム（High Level Political Forum）で「自発的自治体レビュー」（Voluntary Local Review, VLR）を国連に提出しました。このVLRは各国が国連に提出する「自発的国別レビュー」（Voluntary National Review, VNR）を都市のレベルで作成したものです。ニューヨーク市は翌2019年7月にも新たなVLRを提出し、同年9月には他の都市と連名で、VLRを提出することなどを盛り込んだ「VLR宣言」（Voluntary Local Review Declaration）を国連に提出しました。こうした取組の背景には、ニューヨーク市内に国連本部があり、市が日頃から国連と密に連絡を取れるという強みもあります。

　しかし、この話は日本も無関係ではありません。ニューヨーク市は世界で初めてVLRを国連に提出した都市と言われていますが、同じタイミングで国連にVLRを提出した都市があります。日本の北九州市、富山県富山市、そして北海

15　Adelphi and Urban Catalyst (2015), Sustainable Development Goals and Habitat Ⅲ:
　　Opportunities for a Successful New Urban Agenda, Cities Alliance, p.13.

道下川町です。この3都市がニューヨーク市と同様に、世界に先駆けて都市レベルでのSDGsの取組を報告しました。下川町は人口4,000人以下の都市でありながら、公益財団法人地球環境戦略研究機関（IGES）との連携により、国連にVLRを提出しました。また、IGESでは、地域住民を巻き込んだ下川町の取組を「下川メソッド」として世界に発信しています。このほか、2019年に浜松市が、2021年に東京都がVLRを公表しました。

　下川町の事例に代表されるように、ニューヨーク市のような大都市でなくても、世界的な課題の解決に向け、国際社会へのアプローチを行うことができます。そして、VLRを作成した各都市は国連で毎年開催されているハイレベル政治フォーラムや国連経済社会局のイベントなどで先進自治体として取り上げられています。SDGsへの注目はますます高まっているため、積極的な取組を行うことで自治体の国際的なプレゼンスが向上します。

　SDGsの目標年は2030年ですが、今後新たに国連などで国際的な目標が打ち出された場合にも、同様に都市レベルでの先進的な取組を行うことで、国際社会からの注目を集めることができるでしょう。もっとも、SDGsは国際担当部署だけで達成できるものではありません。VLRの策定に当たっては計画部門との連携が不可欠ですし、環境、水道、教育など個々のゴールの達成には所管部署の協力が必要となります。庁内や地域全体を巻き込んでいくことで、SDGsの達成に寄与することができます。

気候変動対策

　先述の都市間ネットワークや宣言・誓約でも主要なテーマとなっているように、国際社会において、気候変動対策のための都市の取組が期待されています。

　目標としては、例えば、都市におけるCO_2の排出量を実質ゼロにすることがあげられます。排出実質ゼロとは、人為的に発生した温室効果ガスの排出量と、森林等が吸収する除去量とが均衡している状態のことです。2018年の国連の「気候変動に関する政府間パネル」（IPCC）では、気温上昇を1.5度に抑えるためには、2050年までにCO_2の実質排出量をゼロにすることが必要とされました。排

出量実質ゼロの達成を目標として宣言を行う都市も増えており、現在、2025年の達成を掲げるデンマーク・コペンハーゲン市を先頭に、多くの都市が2040年や2050年の達成を目指しています。具体的な取組は、環境政策の担当部署が行うものが中心となりますが、国際担当部署でも、飛行機が排出する温室効果ガスを削減するため、飛行機を利用した海外出張の数を削減するカナダ・モントリオール市のような海外都市もあります。

さらに、近年では食肉の生産に伴う温室効果ガスの排出も問題視されています。C40でも加盟都市の一部の署名により、動物の肉の消費を減らし、フルーツや野菜を食べることなどを含めた "C40 Good Food Cities Declaration" を発出するなど、都市レベルでも取組が進められています。

このほか、国際的な課題として、プラスチックごみが海洋生態系などに及ぼす影響が指摘されています。日本政府でも2020年からレジ袋の有料化を行いましたが、自治体での取組も進めていく必要があります。国際業務の中では、例えば海外都市が参加するイベントで、ペットボトルなどのプラスチック製品の代わりに再利用できる容器を使い、身近なところから気候変動などの環境問題の解決に取り組んでいることを示す取組が考えられます。

ジェンダー平等と性の多様性

日本の自治体では依然として議員や幹部職員の多くが男性ですが、海外都市と交流すると、議員や幹部に女性が多いことに気づくでしょう。世界経済フォーラムが発表した2021年の「ジェンダー・ギャップ指数」では日本は調査対象156か国中120位で、特に国会議員の男女比など政治の分野では147位と、世界最低レベルです[16]。

フランスでは、各政党の選挙候補者名簿を男女交互に登載する制度や、各政党の選挙候補者の男女差が大きい場合に政党交付金を減額する取組、男女がペアで立候補する制度などを取り入れています（パリテ法）。また、他の国でも女

16　World Economic Forum (2021), Global Gender Gap Report 2021, p.10, 19.

性の政治・行政への参画を増やす取組が行われています。

　日本では強制力のある制度がなく、まだまだジェンダー平等の意識が低いので、海外と調整などを行う際には、国際標準のジェンダー感覚を理解する必要があるでしょう。会議の登壇者を決めるときなどにもジェンダーバランスの視点が求められます。

ジェンダー中立的な言葉

　女性の敬称として、"Mrs." や "Miss" というものがありますが、女性だけ既婚か未婚かで敬称を使い分けることはジェンダー平等の点から適切とは言えません。そのため、現在では、本人が望んでいる場合などを除いて、ビジネスシーンでは "Ms." を使います。フランス語の場合でも、"Miss" に当たる "mademoiselle" は、フランスの行政文書での使用が禁止されました。

　また、"chairman" の代わりに "chairperson"、"fireman" の代わりに "firefighter" など、特定の性別に限定されない単語を使うことが普通です。日本でも今日ではスチュワーデスという言葉を使わずに、客室乗務員やCAなどと言うのと同様です。カナダでは国歌「オー・カナダ」の歌詞まで、2018年に「息子たち（in all thy sons command）」をジェンダーニュートラルな「私たち（in all of us command）」に変更しました。

　その他、単数の場合でも代名詞he/sheの代わりにthey、him/herの代わりにthemを用いるのを最近は見ることがあります。なお、完全にジェンダー中立的な敬称として "Mx." というものもありますが、これは欧米でもまだ浸透していないようです。

Column	Ladies and Gentlemen

　英語でイベントや施設の来場者全体への呼びかけとして使われる "Ladies and Gentlemen" も、近年ではジェンダー平等の観

点から問題視されることがあります。2017年には、ニューヨークの公共交通機関のアナウンスでも"Ladies and Gentlemen"の代わりに"riders"、"passengers"、"everyone"などのジェンダーニュートラルな言葉を使うように改められました。

　国際会議などではまだ"Ladies and Gentlemen"が使われることもありますが、今後は使用されなくなっていくかもしれません。

男性・女性だけではない「性の多様性」

　LGBTなど性的多様性が社会的に受け入れられ、対応が進んでいる国も増えています。LGBTとはセクシュアル・マイノリティの総称であり、レズビアン（lesbian）、ゲイ（gay）、バイセクシャル（bisexual）、トランスジェンダー（transgender）の頭文字を取ったものです。

　L、G、B、T以外にも多様な性のあり方があり、どのようなSOGI（性的指向（sexual orientation）、性自認（gender identity））であっても差別せずに人権を尊重することが重要です。

　LGBTに寛容な国では、同性結婚の制度が整備されていたり、自分が性的マイノリティであると同僚や友人に打ち明ける「カミングアウト」が盛んであったりします。また、毎年、大規模なLGBTのパレードが開催されている国もあります。

　このような性的マイノリティへの偏見が少ない国の人との会話の中でLGBTへの嫌悪感を示すと、日本の人権意識に疑念を抱かれかねません。実際に、ジェンダー平等だけでなく、性的マイノリティへの対応についても日本政府は国連人権理事会などの国連機関から改善の勧告を受けています。外国人との折衝の場だけでなく、地域で外国人も暮らしやすい環境を整えるダイバーシティ化の推進においても性的マイノリティへの対応は無視できないものです。

　また、日本でも徐々に見かける機会が増えてきましたが、LGBTの社会運動の象徴として虹色の旗（レインボーフラッグ）が使われます。虹色はLGBTを

イメージする人も多いため、自治体の国際関係事業の名称やロゴなどに「レインボー」という単語や虹色を使う際には、LGBTを想起させるかもしれないということを理解しておいた方が良いでしょう。

　同性結婚を積極的に認める国がある一方で、LGBT等の多様な性に対して厳しい態度を取る国も多数あります。中東やアフリカの多くの国など、LGBTに関する権利を厳しく制限し、同性愛を犯罪としている国もあります。

　このように、ジェンダー平等や性的マイノリティについては、日本と海外諸国との間に意識の違いがありますので、国際的な潮流やその国の文化を見極めた上で対応をしていく必要があります。具体的な政策は、男女平等参画や人権の担当部署が所管しますが、海外との調整においては、こうした課題意識は不可欠です。

第3章

国際業務における
主な連携団体

ここまで主に海外都市との交流について説明してきましたが、自治体の国際業務では、都市以外を相手に連絡調整する機会もあります。以下に、国際業務で調整先となる主な団体等をまとめます。

1 日系機関・国内団体等との連携

(1) 自治体国際化協会

　一般財団法人自治体国際化協会（Council of Local Authorities for International Relations, CLAIR（クレア）。以下「自治体国際化協会」という。）は地域社会の国際化を目的に設立された日本全国の自治体の共同組織で、ニューヨーク、ロンドン、パリ、シンガポール、ソウル、シドニー、北京の海外7都市に事務所を置いています。自治体の海外活動の支援や、海外都市の情報収集、学校での外国語指導や地域の国際交流活動に取り組む外国人青年を海外から招致するJETプログラムの推進等を行っています。また、全国から自治体職員の派遣を受け入れ、国際業務のOJTの機会を提供しています。

　特に、自治体職員の海外出張や海外での自治体PRなどの海外活動支援を行っており、具体的な支援メニューの例として、次のものを掲げています（以下、同協会HPより引用）[1]。

> Ⅰ．活動の計画・事前準備に必要な支援
> 　①訪問先、調査先の選定支援など海外活動の企画にかかる相談
> 　　海外活動を計画される際に、ちょっと聞いてみたい現地の事情や習慣、
> 　　効果的な活動になるような訪問先や調査先の選定にかかるアドバイス
> 　　などを行います。メール、FAX、電話等でご相談に応じます。
> 　②訪問先、調査先へのアポイントメントの取付け、連絡調整

1　自治体国際化協会「自治体の海外活動支援・依頼調査」
　http://www.clair.or.jp/j/operation/shien/index.html

依頼者で選定された訪問先や調査先へのアポイントメントの取付けを行うほか、先方への質問事項の伝達等の連絡調整を行います。質問の伝達等にあたっては、必要に応じて、訳文作成などのサポートも行います。

Ⅱ．現地での活動に際し必要な支援

(1) 現地活動への人的サポートの提供又は紹介・手配

①海外事務所職員による訪問先等へのアテンド

クレア海外事務所の職員が訪問先等へ同行します。ただし、同行にかかる交通費等を、依頼者において負担していただく場合があります。

②海外事務所職員によるイベント支援

自治体が参加・開催する現地のイベントにおいて、クレア海外事務所の職員が受付やブース等でのPRなどのお手伝いをします。会場までの交通費等をご負担いただく場合があります。

③イベント等にかかるサポート人員の紹介

自治体が参加・開催する現地のイベントにおいて、受付やブース等でのPRを手伝ってくれるボランティア人員を紹介します。主に、JETプログラム経験者への仲介になります。

④通訳のあっせん

訪問や調査にあたって必要な現地の通訳者のあっせんを行います。通訳料金及び通訳場所までの交通費は、依頼者の負担となります。

(2) 現地活動に必要な施設・備品等の提供又は紹介・手配

①現地での一時的連絡拠点用の事務所スペース・備品等の貸出・提供（デスク、TEL、FAX、パソコン等）

現地で活動する際の連絡拠点として、クレア海外事務所のデスク、電話、FAX、パソコン（メール送受信可）などを貸出すほか、資料の印刷・増刷のためのプリンターやコピー機のご使用、プレゼンテーションの練習や打ち合わせのための会議室等のご利用が可能です。大量の

コピーなど、一部有料となる場合があります。

②現地での会場用施設（会議室、ブース等）提供又はあっせん（※クレア会議室も含む）

現地でのイベント、商談会、プレス対応などに必要な会場の紹介を行います。会場借上げ料は、依頼者の負担となります。用途によっては、クレアの会議室をご利用いただくことも可能です。その場合は、無料です。

③資料や活動物資等の一時的な預かり

現地でのイベントなどのために必要な資料や物資をクレア海外事務所で受取り、一時保管を行います。送料等は依頼者の負担となります。

④車両手配

現地での移動のために必要な車両の手配を行います。車両借上げ料金は、原則として、依頼者の負担となります。

（3）現地情報や現地での活動ノウハウ等の提供

①海外事務所からのブリーフィング

調査や訪問にあたり、関連する現地の行財政制度全般や、地域施策の最近の動向などについて、クレア海外事務所においてブリーフィングを行います。また、活動にあたって役立つ現地の習慣やノウハウなどの情報提供も行います。

（4）その他

①イベント等のPR支援

現地でイベントを開催又はイベントに参加される場合や、トップセールスなどを行われる場合に、事前のPRなどを支援します。

日本の全都道府県及び政令指定都市の国際担当部署などの中に、自治体国際化協会の支部が置かれており、他部署から自治体国際化協会と連絡調整を行うときには、こうした支部が窓口となる場合があります。

（2）外務省

　外務省には、自治体と連携して外交を推進していくため、2006年に地方連携推進室が設置されています。また、各在外公館[2]には地方連携の窓口として地方連携担当官が配置されており、自治体の海外活動の支援や、自治体と共催でのイベント開催などを行っています。

　自治体との連携事業の内容として、外務省では以下のようなものをあげています[3]。

【国内事業】

・国際的取組支援：飯倉公館でのレセプション開催、駐日外交団等を対象とするセミナーの開催などにより、地方の魅力の発信を支援。

・情報提供支援：グローカル外交ネットや地方連携フォーラムなどを通じて自治体の国際業務に役立つ情報を発信。

・交流・連携支援：駐日外交団の地方視察の支援、地方へのプレスツアーの実施などによる海外との交流・連携支援。

【海外事業】

・海外展開支援：在外公館施設を利用した地方の物産・観光プロモーションを支援する、中小企業等の製品・技術を途上国の開発に活用するなど、地方の海外展開を支援。

・国際協力支援：日本の大学や大学院での教育、企業でのインターンの機会を提供し、日本企業進出の水先案内人となるアフリカの高度産業人材を育成するなど、自治体と協力して開発途上国への支援を行う。

・海外での発信支援：在外公館などが海外で実施する文化事業を通じて、地方の文化などを発信。

2　海外に置いている大使館や領事館などのことを指して「在外公館」と言います。
3　外務省大臣官房総務課地方連携推進室（2020）「外務省の地方連携事業　地方自治体との連携」
　https://www.mofa.go.jp/mofaj/files/000500599.pdf

・海外への発信支援：外務省のSNSを通じて地域の魅力などを発信。
・交流・連携支援：自治体職員等の海外出張時の便宜供与依頼を受付。

　また、外務省には自治体職員を本省と在外公館に「外交実務研修員」として
受け入れる制度もあります。本省2年、在外公館2年の勤務を通じて、外交ス
キルを磨き、自治体への帰任後に国際業務で活躍する人材を育成することがで
きます。

（3）総務省

　第1章2で触れたように、姉妹都市交流に始まる自治体の国際交流の隆盛を
受けて、総務省はJETプログラムの開始、国際室、自治体国際化協会、全国市
町村国際文化研修所の創設など、国際施策を進めてきました。
　現在では、自治体の国際業務の支援のため、次のような事業を実施していま
す。

・自治体職員協力交流事業：自治体国際化協会と共同で、海外の自治体等の職
　員を日本の地方自治体に受け入れる際、財政面や受入実務面での支援を行う
　もの。一般行政、環境、経済、教育、農業など幅広い分野での受入れが行わ
　れています。
・地方公務員海外派遣プログラム（海外武者修行プログラム）：各自治体が海外
　研修の具体的な内容を決定し、自主的に国際的な人材を育成することを総務
　省や自治体国際化協会で支援するものです。
・自治体国際交流表彰事業：国内自治体と海外都市との交流活動のうち、創意
　工夫に富んだ取組を行う団体を表彰し、広く全国に紹介するものです。自治
　体国際化協会の選考後、総務省で表彰団体を決定し、総務大臣賞を授与して
　います。

（4）その他の政府関係機関

　以上にあげた行政機関等に加えて、海外都市との交流や地域の国際化、地域産品の海外販路開拓などでは、次のような組織と連携することがあります。

・独立行政法人日本貿易振興機構（JETRO（ジェトロ））：経済産業省所管の独立行政法人です。70か所以上の海外事務所と約50の国内拠点を持ち、対日投資の促進、農林水産物・食品の輸出や企業の海外展開支援等を実施しています。自治体の海外企業誘致やインバウンド振興、地域産品の輸出など、経済分野での自治体の海外活動を支援しています。
・独立行政法人国際観光振興機構（日本政府観光局、JNTO）：国土交通省所管の独立行政法人です。訪日外国人旅行者の誘致に取り組む専門機関で、海外22都市に事務所を置いて日本の観光PR等を行っています。自治体が作成した観光パンフレットを配布するなど、インバウンド事業の支援を行っています。
・独立行政法人国際交流基金（Japan Foundation）：外務省所管の独立行政法人で、総合的に国際文化交流を実施する専門機関です。海外25都市に拠点を置き、日本文化の発信等を行っています。海外向けの文化事業を自治体と協力して行うこともあります。
・独立行政法人国際協力機構（JICA）：外務省所管の独立行政法人で、日本の政府開発援助（ODA）を一元的に行う実施機関として、開発途上国への国際協力を行っています。「国際協力」の項目で記したとおり、自治体職員の開発途上国への派遣や、自治体と協力した技術移転などを行っています。
・全国市町村国際文化研修所（国際文化アカデミー、JIAM）：公益財団法人全国市町村研修財団が持つ研修所の一つで、全市町村共同の全国的な研修機関として多様な研修を提供しています。海外研修や国際文化研修を実施しているほか、全国の自治体職員の国際化に資する情報提供も行っています。

　このほか、外務省の青少年交流プログラム「21世紀東アジア青少年大交流計画」（Japan-East Asia Network of Exchange for Students and Youths,

JENESYS Programme）の実施団体の一つである一般社団法人日本国際協力センター（JICE）など、国際交流や国際協力を推進する様々な団体との連携が考えられます。JENESYSプログラムは、海外の青少年が日本の地方を訪問するため、地域の魅力を発信する機会としても活用されています。

（5）海外の県人会

　海外に住む日本人の数は約140万人、日系人の数は360万人以上と言われています。世界各地には日本のコミュニティがあり、同じ県の出身者で構成された県人会が作られていることもあります。こうした県人会の中には、県の現地事業への協力や、同じ県の出身者が現地に留学する際のサポートなどを行っている団体もあります。

　特に、現在約200万人の日系人が住むブラジルでは、47都道府県の県人会が存在し、それらが組織する団体として「ブラジル日本都道府県人会連合会」があります。都道府県人会連合会では、世界最大級の日本文化祭りである「日本祭り」を毎年、サンパウロ市内で開催しています。

　また、日系人の多いロサンゼルス市には「リトル・トーキョー」と呼ばれる日本人街もあります。毎年8月にリトル・トーキョーでは「二世週日本祭」という日系アメリカ人の文化や歴史を祝うイベントが開かれ、宮城県人会によって七夕祭りも開催されています。ロサンゼルス市と姉妹都市である名古屋市は、この日本祭の期間に周年行事を行ったり、市内の高校生を派遣したりしています。

　海外県人会との連携事例として、福岡県の事例が挙げられます。福岡県には、世界9か国20か所に福岡からの移住者やその子孫等で構成される海外福岡県人会があり、海外県人会の子弟を福岡県に招聘して交流事業を実施したり、移住者の子弟を留学生として県内大学や専門学校等で受け入れています。また、県内の青年を海外県人会に派遣する事業や、3年に一度開催される海外福岡県人会世界大会などの行事に参加・協力しています。

（6）地域国際化協会・国際交流協会等

地域国際化協会・国際交流協会

　海外都市との交流においては、地域国際化協会や国際交流協会が実質的な主体として関与していることもあります。地域国際化協会とは地域の国際交流を推進する民間国際交流組織で、総務省の指針に基づいて都道府県・政令指定都市が作成した「地域国際交流推進大綱」で位置づけられた組織です。

　それに対し、国際交流協会は「地域国際交流推進大綱」での位置づけに限らずに、各自治体に窓口を置いている組織、または各自治体の外郭団体で、地域の国際交流を推進している「○○県国際交流協会」、「○○市国際交流協議会」、「○○町国際交流委員会」などの名称の組織です。自治体国際化協会の調査では、全国に800弱の国際交流協会があり[4]、自治体の半数近くに地域国際化協会がある計算になります。

　これらの団体は、自治体と協力しながら様々な国際業務を遂行していますが、例としては、①姉妹都市交流の推進、②地域の多文化共生施策の推進、③地域のグローバル人材の育成、④在住外国人への支援、⑤海外との文化交流イベントの開催、⑥ホームステイ受入の支援、⑦ボランティアの養成、⑧海外制度の調査・研究、⑨刊行物の発行、などがあります。

任意団体

　これらの地域国際化協会・国際交流協会とは別に、市民レベルの国際交流を支援する民間の任意団体もあります。

　例えば、横浜市には8つの姉妹友好都市があり、それぞれに「友好委員会」を設立しています。市民レベルで各姉妹都市と相互理解を深め友好親善を図ることを目的として、友好委員会の企画により、市民交流団の派遣、海外来浜者歓迎会、料理教室、在住外国人交流会など、様々な国際交流事業を行っていま

4　一般財団法人自治体国際化協会多文化共生ポータルサイト「全国の自治体の国際交流協会」
　http://www.clair.or.jp/tabunka/portal/associations/

す。各友好委員会には、市内外の在住を問わず、年会費を支払うことで参加することができます。

その他、海外都市との経済交流を促進するために、経済団体や市民などが合同で任意団体を設立することもあります。

（7）NGO・NPO

上記以外の国内団体の連携先としては、NGOやNPOが挙げられます。NGOは、Non-governmental Organization（非政府組織）の略称で、開発、貧困、平和、人道、環境等の地球規模の問題に自発的に取り組む非政府・非営利組織を指すものです。現在、日本では400団体以上のNGOが国際協力活動に取り組んでいると言われており、広島市の呼びかけで設立された「平和首長会議」や札幌市が主導する「世界冬の都市市長会」などの都市間ネットワークの組織は国連にNGO組織として認定されています。また、上述の地域レベルの国際交流協会もNGOとして活動しているところがあります。

こうした都市間ネットワークの組織や国際交流協会のほかにも、自治体とNGOやNPOとの連携は行われています。例えば、岡山県新庄村では、国際医療NGOでもあるNPOのAMDA（The Association of Medical Doctors of Asia）と連携し、アジアへの有機農業の技術移転を目的としたプログラムやインドネシアからの農業研修生の受入れを実施しました。

また、千葉県館山市では、NPO法人館山外洋ヨットクラブが世界6か国の都市と持ち回りで環太平洋ヨットレースを開催しており、このレースによって各都市間の民間交流が活発化になった結果、同市とオーストラリア・ポートスティーブンス市が2000年に友好都市、2009年に姉妹都市となるなど、NPOによる事業が自治体レベルの国際交流にまで発展した事例もあります。

（8）住民との協力

自治体の国際交流では、交流事業に住民が参加するだけでなく、企画段階から住民が関与することがあります。特に姉妹都市交流では、地域住民がキーパー

ソンとして関係の締結や交流イベントの開催を主導する事例も多くあります。海外都市への移住者が出身自治体と移住先との仲を取り持ったり、海外都市への留学生が帰国後に留学先の都市との関係構築を促進したりというものです。

　自治体の国際交流事業には、住民の自主的な参加が不可欠なことも多く、こうした住民は重要な存在ですが、住民がキーパーソンとして相手都市との調整を主導している場合には、継続的な関係を築くために自治体側の取組が求められます。

国際機関・海外団体等との連携

(1) 国際連合

　国連が特定の目的のために都市と連携することや、都市が国連のイベントに参加することなどもあります。連携の例としては、次のようなものがあります。

・東京都文京区とUN Women：文京区では2015年以降、庁舎内に国連女性機関（UN Women）の事務所を置き、国際女性デー（3月8日）に共催でシンポジウムやセミナーを開催するなど連携しています。
・兵庫県・神戸市とWHO：兵庫県では県の健康福祉部内にWHO神戸センターの活動を支援するための協力委員会事務局を設置しています。神戸市も同委員会に参加し、センターと共催でフォーラムを開催しています。
・神奈川県とUNDP：神奈川県は、2019年、SDGsの推進に向けて国連開発計画（UNDP）と連携趣意書を締結しました。
・北九州市とUNEP：海洋汚染などの原因となるプラスチックごみの削減に向け、北九州市は2019年に国連環境計画（UNEP）と関心表明書を交換し、連携事業を開始しました。
・京都市と国連大学：京都市はSDGsの達成に寄与する社会実装の研究を進めるため、2020年に国連大学と協定を締結しました。

・UNHCRのキャンペーン：国連難民高等弁務官事務所（UNHCR）では、都市レベルの難民の保護・支援キャンペーンとして「#CitiesWithRefugees」を実施。日本の自治体も参加しています。

特に近年、SDGsの達成などに向けて、都市の役割を重視しており、国連事務総長室内には都市担当チームも置かれています。また、国連ハビタットは福岡市にアジア太平洋地域を担当する事務所を置いており、アジア地域で持続可能な都市の形成のため「アジア都市連携センター」（Knowledge Management Center for Asia and the Pacific、KCAP）というプラットフォームを形成して、福岡県や福岡市を含むあらゆる主体の連携を促進しています。

（2）その他の国際機関

国連機関以外の国際機関として、以下のような団体が自治体と連携して事業を実施しています。

・世界銀行：世界銀行では、開発途上国のプロジェクトに日本の自治体の知見を活かす都市パートナーシップ・プログラムを実施しています（第2章1（6）参照）。
・経済協力開発機構（OECD）：2011年の東日本大震災後に、OECD事務総長が来日し、東北の復興への協力を約束したことにより、文部科学省、福島大学とともに「OECD東北スクール」が設立されました。OECD東北スクールには東北の市町村が参加し、震災からの復興の担い手となる人材育成を行いました（2011年〜2014年）。また、OECDは、不公平の是正や包括的な経済成長に取り組む都市からなるOECD Champion Mayorsという都市間ネットワークを形成しており、日本からも東京都、横浜市、福岡市などの首長が参加しています。なお、Champion Mayorsは都市ではなく、首長が参加するものであり、首長が替わった場合には、改めて加盟の判断をします。
・世界経済フォーラム：世界経済フォーラムでは、自治体や中央政府、民間

パートナー、住民の連携でスマートシティ・テクノロジーの責任ある倫理的な活用に関する共通の基本原則を策定することを目指したG20グローバル・スマートシティ・アライアンス（G20 Global Smart Cities Alliance）の事務局機能を担っています。同アライアンスのパイオニア都市として、浜松市、兵庫県加古川市など複数の日本の自治体が選定されています。

国連を初めとする国際機関、開発銀行などは、第2章でご紹介した都市間ネットワークや国際会議に、パートナー、スポンサー、アドバイザーなどとして積極的に関与することも多く見られます。

（3）在日の各国大使館・領事館

150余りの大使館及び諸外国・地域の代表事務所が置かれている東京都では、大使館・代表事務所等との連携事業を行っています。東京消防庁が所有する防災体験施設に大使館関係者を招待し、発災時の対応を説明したり、知事・幹部職員と大使等が直接交流し、都の政策や産業をPRする情報連絡会を開催したりしています。

大使館は首都である東京都に集中していますが、札幌、名古屋、大阪、福岡など地方の大都市にも領事館が置かれています。大使館、領事館の名称は、「駐日英国大使館」や「駐大阪大韓民国総領事館」などと言いますが、「在日米国大使館」など「在」を使うこともあり、「在」と「駐」のどちらを使うかは館によって異なります。相手方とやり取りをする際には、その館の正式名称を確認した方が良いでしょう。

大使館の職員の役職としては、主に次頁表のものがあります（上から順に高位）。

表　大使館の主な役職

（特命全権）大使	Ambassador（Extraordinary and Plenipotentiary）
公使	Minister
（公使）参事官	（Minister）Counselor/Counsellor
一等・二等・三等書記官	First/Second/Third Secretary
三等理事官	Attaché[5]

　大使が不在の場合には、臨時代理大使（Chargé d'affaires ad interim）が任命されます。また、駐日大使は、天皇陛下に信任状を捧呈して大使としての任期を開始します（第4章3（2）参照）。母国から任命を受けて日本に赴任していても、信任状を捧呈するまでの間は大使ではなく、次期大使（Ambassador-Designate）という扱いになります。

　総領事館の役職には、主に下表のものがあります（上から順に高位）。

表　総領事館の主な役職

総領事	Consul-General
首席領事	Principal Officer
領事	Consul
副領事	Vice-Consul

　一部に大使の肩書を有する総領事もいるため、その場合は大使の敬称を用いる必要があります。こうした大使館や総領事館の役職は、国や館によって異なりますので、必ずしもこれらの役職が全て置かれているわけではありません。また、総領事が館長を務めるものを総領事館と言いますが、領事が最高位である場合には領事館や領事事務所などと呼びます。

　駐日大使を初めとする諸外国の外交官は日本滞在中に国内をなるべく見て回ろうと熱心に出かけることも多いようです。三重県では、スペイン・バスク自

5　アタッシェ（Attaché）には理事官の他に、防衛省が派遣する防衛駐在官（Defense Attaché）のように特定分野に従事する職員もおり、その場合の大使館内での立ち位置は理事官とは異なります。

治州とMOUを締結するなどスペインとの関係を深める中で、2019年に駐日スペイン大使を招聘して県内の視察プログラムを組んでいますし、外務省でも自治体との共催で駐日外交官を対象とした地方の視察ツアーを実施しています。自治体が、観光に来てもらいたいターゲットなどがある場合はそれらの国々の外交官を招待して地域を案内するツアーを行うことも考えられます。

（4）海外都市の在日事務所

　日本の自治体が海外に事務所を設置しているように、海外都市が日本国内に事務所を置くこともあります。特に州レベルでは、アメリカ、カナダ、オーストラリア、ドイツなどの一部の州が日本に事務所を置いています。また、中国の香港経済貿易代表部や深圳市駐日経済貿易代表事務所などもあります。

　これらの事務所は主に投資、貿易、観光などの経済交流を目的として設置されたものですが、その他の交流事業などでも本国の事務所との連絡調整の窓口役となることがあります。

（5）海外の市長会・自治体協会

　日本の全国知事会、全国市長会、全国町村会のような首長の連合組織は、海外にも存在しますが、日本の自治体とも無縁ではありません。例えば、2018年のアメリカ「全米知事会」（National Governors Association）冬季総会には全国知事会から鳥取県知事が参加し、「日米知事フォーラム」を開催することに合意、同年8月に東京において全米知事会と日本の全国知事会の共同でフォーラムを開催しました。また、アメリカの「全米市長会」（United States Conference of Mayors）の2019年総会には、招待を受けて東京都や新潟県長岡市、広島県広島市などが参加しました。

　また、首長ではなく自治体として加盟する自治体協会のような組織も多くの国で組織されています。こうした団体には、各都市とのコネクションがあるため、海外都市と交流する際に、協力を求めることもあります。

（6）海外大学

　海外大学の教員や学生が日本を訪問し、研究のために自治体へ協力を依頼することもあります。こうした機会は、一方的に知見を共有するだけでなく、海外の事例などを聞く機会として活用することができます。

　また、国際的な課題の解決においては、大学などの研究機関が果たす役割も大きいものです。都道府県立大学と海外大学との連携は従来から幅広く行われていますが、2019年に中国の清華大学と包括交流に関する覚書を締結した東京都など、自治体が都市課題の解決に向けて海外大学と連携していく事例も今後、増えていくことが予想されます。

第4章

プロトコール

日本では、挨拶するときに会釈をすることがマナーになっていますし、欧米では握手をします。このように、交流を円滑に進めるために必要となるマナーやルールがあります。海外都市の首長や訪問団がこちらの首長や幹部と面会するなど、公的な行事を行う際には、国際儀礼上のルールである「プロトコール」に従う必要があります。

　外交以外ではあまり使われない言葉ですが、これは国際交流を行う上では必須の知識です。外務省は、プロトコールについて「国家間の儀礼上のルールであり、外交を推進するための潤滑油。また、国際的・公式な場で主催者側が示すルールを指すこともある[1]」と説明しています。

　本来は国家間の外交におけるルールですが、自治体間の国際交流においてもこれを準用することが多くなっています。このルールを無視して海外要人の対応をすると、失礼になり、交流にも悪影響を与えかねません。そのため、ここでは、自治体の国際業務で必要となるプロトコールの知識について説明します。

　なお、本書で説明するのは数多くあるプロトコールの決まりの一部です。外務省の資料や外務省関係者の著作、その他のプロトコール関連の書籍を参考に作成していますが、重要度の高いイベントなどでは、本書だけでなく外務省の資料などを参考にしてください。

1 プロトコールとは何か

　プロトコールは、「国際儀礼」のことを指す言葉です。プロトコールの語源は、古代ギリシャ語の "protos"（第一の）と "kollao"（取り付ける）です。元々は、古代ギリシャでパピルスの束の上に糊付けされたもので、その文書の真正さを証明し、概要について記したものが「プロトコロン」（protokollon）と呼ばれ

1　外務省「国際儀礼（プロトコール）プロトコールの基本」
　　https://www.mofa.go.jp/mofaj/ms/po/page25_001892.html

ていました。

　高い地位にある人が守るべき「覚書」を意味するものだったようですが、それが次第に国と国との交流や国際関係における基準を指すようになりました。京都議定書のことを英語で "Kyoto Protocol" というように、「議定書」という意味もありますが、ここでは「国際儀礼」としてのプロトコールを説明します。

　プロトコールの基本は、①国の大小に関係なく平等に扱うこと（都市でも同様に、大都市と小都市を不当に区別しない）、②誰もが納得できるルールに従うこと、③相互理解や異文化理解に努めることです。

　対人関係を円滑にするための似たようなものに、マナーやエチケットがあります。NPO法人日本マナー・プロトコール協会によれば、マナー、エチケット、プロトコールの関係は、下図のようになります。

　マナーや礼儀は、社交場の心や心得で、相手に対して自分が取るべき態度や配慮です。エチケットやプロトコールは相手との関係を円滑にするための常識的なルールや技術、しきたりなどですが、個人対個人のレベルでの実践が「エチケット」、国・都市レベルでの実践が「プロトコール」です。

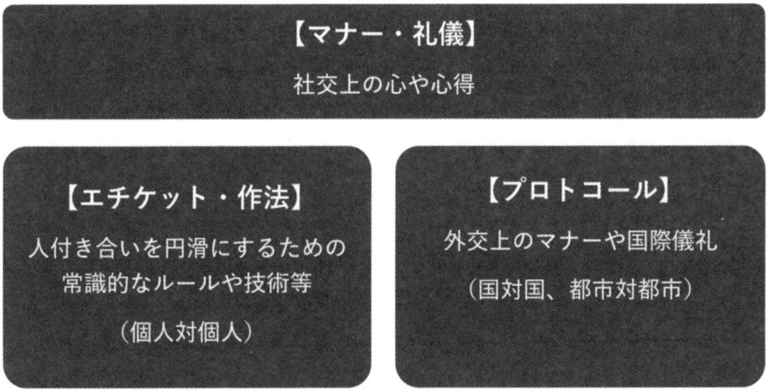

【マナー・礼儀】
社交上の心や心得

【エチケット・作法】
人付き合いを円滑にするための
常識的なルールや技術等
（個人対個人）

【プロトコール】
外交上のマナーや国際儀礼
（国対国、都市対都市）

図　マナー、エチケット、プロトコールの違い[2]

2　NPO法人日本マナー・プロトコール協会（2016）『マナー＆プロトコールの基礎知識』2頁をもとに筆者作成。

2 プロトコールの原則

　プロトコールを理解する上では、まず、その原則となるルールを学ぶ必要があります。主なものとして次の5つがあげられます。

(1) 序列の重要性

　式典、会議、会食、写真撮影などの場では、必ず並ぶ順番を決める必要があります。プロトコールでは、誰もが納得するような配席をすることが基本です。そのため、それぞれの役職の上下を基本として序列をつけます。

　序列は国家や都市、個人の威信に関わるものでもあります。かつては各国の大使同士が席次を争い、ときには決闘にまで発展することもありました。このため、1815年の「ウィーン規則」と1818年の「エクス・ラ・シャペル規則」によって、大使の序列は着任順で決めることになりました。

(2) 右上位

　欧米のプロトコールでは、右が左よりも上位であるという「右上位」の原則があります。西洋文化において右が優位とされるのは、『新約聖書』の中でキリストが復活・昇天後に神の右に座しているなどの理由によるものと言われています。古代ローマでも右半身が善であるとして、ラテン語の「右」(dexter)には肯定的な意味、「左」(sinister)には否定的な意味がありました。英語でも右を指す単語である "right" は、「正しい」という意味も持っています。

　国旗や座席を並べる際には、基本的にこの右上位に基づいて並べます。スポーツの表彰式で、優勝者の右（正面から見ると左）に準優勝者、左（正面から見て右）に3位が表彰台に立つのも、この右上位の考え方によるものです。

| Column | ## 左上位を採用してきた日本 |

　本書で説明するプロトコールは「右上位」を原則としたものですが、日本では伝統的には欧米と逆の左上位が採用されてきました。唐の時代の中国には、「天子南面」（天帝は北辰に座して南面す）という思想がありました。これは、皇帝が不動の北極星を背に向かって南向きに座るというものです。皇帝から見ると、左（東）から太陽が昇り、右（西）に沈んでいくため、左が上位だと考えられました。

　この考えが遣唐使によって日本にも持ち込まれたと言われており、現在の京都である平安京もこの価値観に基づいて設計されています。平安京で天皇がいる大内裏は北側におかれ、そこから天皇は南側の市内を向いて座ります。また、京には右京と左京がありますが、ここで左京が東、右京が西にあるのは、天皇からみて左が東、右が西であるためです。

　もっとも、中国では、唐よりも前の漢では右上位だったため、右から左に「左遷」という言葉も生まれましたし、唐より後の時代でも王朝によって左上位と右上位が変わりました。日本では遣唐使の時代から伝統的に左上位が使われており、国会議事堂でも中央から見て左側に上院に相当する参議院が置かれています。今日では西洋の影響で日本でも右上位が使われることが多くなっていますが、和室などでは左上位が基本となります[3]。

（3）返礼・相互主義

　相手に何かをしてもらった際に、それと同程度のお返しをするというもので

3　ただし、和室では床の間の位置や出入り口の位置なども考慮して、配置を決めます。

す。日米関係の歴史を見ても、江戸幕府に本膳料理を振る舞われたペリーは、黒船上で幕府に対し、返礼の午餐会を開いていますし、1912年に東京市長がアメリカに桜を送った際には、返礼としてアメリカからハナミズキが送られました。

　もちろん状況によりますが、来日した首長に記念品をいただいたときに、こちらからは渡さないなどのことは失礼に当たると考えられます。返礼は一種の「義務」であるだけでなく、相手との関係を深める機会です。姉妹都市交流などでは、周年ごとに双方から贈り物をするような事例が多く見られるように、こうした贈り物と返礼は都市レベルの親善交流でもよく行われています。

（4）異文化尊重

　「郷に入っては郷に従え」という言葉がありますが、海外と交流する上では、相手の国の文化や習慣を尊重する必要があります。第7章や第8章で説明するように、海外諸国と日本との間には様々な文化的な違いがあります。日本には「おもてなし」の文化がありますが、文化の違いを考えずに、自分たちの文化のやり方で考えてしまうと、思わぬところで相手に失礼なこともしてしまいかねません。

（5）レディ・ファースト

　中世の騎士道精神から生まれた習慣で、欧米では現在でも幅広く普及している文化です。作法の例としては、男性がドアを開けて先に女性を通らせること、男性が椅子を引いて女性を座らせること、道路を歩く際に男性が車道側を歩くことなどがあります。

　しかし、ジェンダー平等や多様な性の問題から、近年は特にビジネスの場では実践されないこともあるようです。国際交流の場でも、公的な序列において男性よりも女性を上位に置くというものではないので、席順などには関係ありません。レディ・ファーストをどこまで実践するかはTPOにより柔軟に考える必要があります。男女に関係なく、後ろから来る人のためにドアを押さえておくなど、欧米では当然とされているマナーを守ることは大切です。

　以上がプロトコールの原則ですが、これらの頭文字を取って、「3R2L」（序列意識：rank conscious、右上位：right on the first、返礼・相互主義：reciprocation、異文化尊重：local custom respected、レディ・ファースト：ladies first）などと言われることもあります。こうしたプロトコールの原則は、国際業務における外国人対応の根本となる考え方です。これから、詳細な内容を説明していきますが、これらはあくまで原則にすぎませんので、実際には状況に応じて柔軟に対応することが求められます。また、相手の文化によっては異なる作法が求められることもありますので、相手の文化を正しく理解し、相手に合わせるという姿勢が何よりも必要です。

３ 国旗、座席の並べ方

　海外の訪問団を受け入れるに当たって、海外の国旗と日本国旗を並べて掲揚することや、各訪問者の座席を割り当てることがあります。こうした際には、プロトコールの「右上位」の考え方に基づいて配置を考えます。日本では相手国旗への敬意を示すため、自国の旗を下位に置きます。また、自国以外に2つ以上の国を並べる場合には、国連方式の国名アルファベット順を用いることが多くなっています。都市を並べる場合にも都市名のアルファベット順を用います。

　2021年に開催された東京五輪の開会式では、入場行進を行う国・地域の順番を日本語の五十音順（あいうえお順）に並べていました。日本で開催される国際的なイベントでは、今後、五十音順を採用したものも増えてくると思われます。

(1) 国旗の並べ方

　日本主催のイベントなどで日本国旗と外国国旗を掲揚する場合、外国国旗に敬意を払い、日本国旗よりも上位（右側）に外国国旗を配置します。これを正面から見ると、図のように外国国旗が左、日本国旗が右にあるように見えます。

図のように交差させて掲揚する場合には、外国国旗のポールが日本国旗のポールより手前になるようにします。

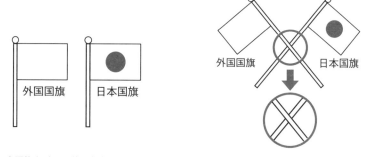

図　日本国旗と外国国旗を掲揚する場合（1）　　図　日本国旗と外国国旗を掲揚する場合（2）

　3か国の国旗を掲揚する場合には、次の図のように日本国旗を真ん中に置き、国連公式のアルファベット順で右上位に従って配置します。また、4か国以上の国旗を掲揚する場合には、日本国旗を下位とせずに国連方式のアルファベット順で並べることもあります。

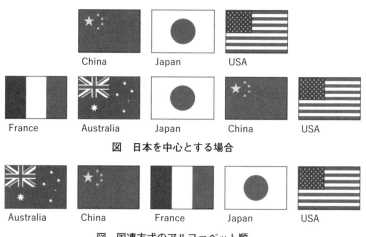

China　　　Japan　　　USA

France　　Australia　　Japan　　China　　USA

図　日本を中心とする場合

Australia　　China　　France　　Japan　　USA

図　国連方式のアルファベット順

　都道府県旗や市町村旗といった自治体の旗を掲揚する場合も、考え方は同じです。こちらの旗よりも海外都市の旗を上位に置きます。また、国旗と都市の

90

旗は、本来はレベルが異なるため併用するものではありません。国旗の場合は
国旗と、都市の旗は都市の旗と併用するべきものです。どうしても国旗と都市
の旗を併揚する場合には、国旗を上位に置き、都市の旗は国旗よりも小さいも
のを使用します。国旗よりも大きいものの使用や上位への配置は避けます。

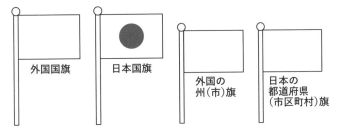

図　国旗と自治体の旗を掲揚する場合

　なお、都市の旗を下位に置くとはいえ、同じ高さのポールを使って、都市の
旗だけ低く掲揚してはいけません。旗はポールの最上部に接するように掲揚す
るものであり、これを下げると半旗のようになってしまいます。

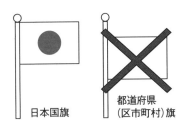

図　誤った併揚方法

　半旗とは弔意を表すために掲げる旗のことで、旗を一度ポールの最上部に掲
げてから降ろすものです。半旗と類似のものに弔旗がありますが、これは半旗
にすると旗が地面についてしまう場合など、半旗にできない場合などに用いる
ことが一般的です。半旗は多くの国で同様の掲揚方法が採られるのに対し、弔
旗の掲げ方は国によって異なります。日本の場合には、「大喪中ノ國旗掲揚方ノ
件」（大正元年7月30日。閣令第1号）に準拠して、図のように掲揚することに
しています。

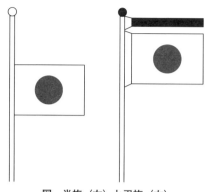

図　半旗（左）と弔旗（右）

そのほか、国旗の扱い方として、以下のようなものがあげられます。

①破損した国旗や、汚れた国旗を使わない。

②ポールに掲揚する場合は、ポールの最上位に接していなければならない。

③三脚などを使う場合に、国旗が地面についてはならない。

④自国の国旗と外国国旗を並べて掲揚する場合、大きさや高さを同一にする。

⑤外国国旗を掲揚する際には、自国の国旗も掲揚する。

⑥１本のポールに複数の国旗を掲げない。

⑦屋外に掲揚する際には、日の出（または始業時）から日没（または終業時）まで
とする。

⑧夜間に掲揚が必要な場合には照明を当てるなどの対応を取る。

⑨屋外に掲揚する際には、雨天時の掲揚を避ける（全天候型の材質の場合は可）。

⑩国連旗を掲揚する場合は、他の国旗より上位に掲揚する。また、他の国旗より小さいものは使わない。他の国際機関の旗もこれに準じる。

また、アメリカ国旗のようにカントンのある国旗の場合は、カントン側をポールに付けるのが正しい掲揚方法です。

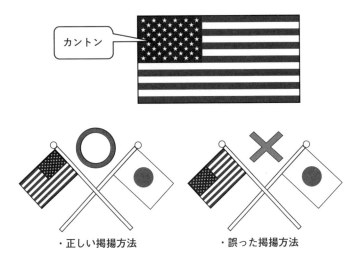

カントン

・正しい掲揚方法　　　・誤った掲揚方法

　以上が主な国旗の扱い方ですが、プロトコールには様々な例外が付き物です。国旗の場合だと、アメリカやカナダ、フィリピンなどでは、自国の旗を上位に掲げるようになっています。また、サウジアラビアの旗は、イスラム教が信仰するアッラーの言葉が書いてあるため、半旗のように下げることや、文字が読めない縦に掲揚（垂直掲揚）することはしないこととされ、縦に掲揚する場合には、縦長のデザインにした専用の旗を使います。ブラジルやオランダなども垂直掲揚用の旗があります。

　イベントや面会などでは、開催地側が相手国の国旗を準備しておく必要がありますが、相手国の国旗がない場合は、相手側から借りるということも考えられます。特に、都市同士で署名式などの式典を行う場合には、国旗ではなくお互いの都市の旗を掲げることがありますが、海外都市の旗は国内ではなかなか手に入らないので、相手から借りる必要がでてくる可能性が高いでしょう。こうした場合、相手側の代表者が到着する前に掲揚の準備をしておく必要がありますので、事前に事務方で受け渡しができるよう調整しておきます。

（2）座席の並べ方

　会議などで配席を決める際にも、基本となるのは右上位の考え方です。ただ

し、実際の部屋の造りなどによって席順が変わることがあるため注意が必要です。以下にいくつかの事例をお示しします。

バイラテラルの場合の配席

　海外都市の首長、訪問団などとの１対１の面会の場合には、双方の代表者同士が横並びになる形式があります。国の首脳会談などでよくニュースでも映されるような形です。賓客側を上位の席にするため、こちらの代表者の右（正面から見ると左）の席に配席します。

　通訳者はそれぞれの代表者の後ろに控えて通訳をします。随行者は代表者よりも手前側の席に座ります。随行者の座席は必ずしも図のように「ハ」の字になる必要はありませんが、特にプレスが入るような場合などにはカメラで双方の代表者を撮影できるように、随行者の座席を後ろに下げた方が良いでしょう。

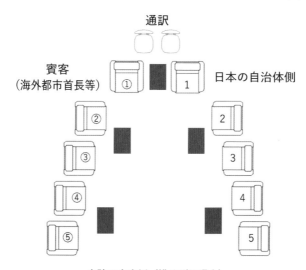

会談の座席例（横並びの場合）

　また、横並びではなく机を挟んで向かい合う形式もあります。この場合では、次の図Ⅰのようにそれぞれの代表者が中心の席に座り、そこから右、左の順に内側から外側に向かって序列の高い人を配席していきます。ただし、その場合、

相手方のナンバー2（図中の①）の前にこちらのナンバー3（図中の②）が座ることになりますので、対面者のレベルを合わせるために図Ⅱのように、相手側を右上位を基準として並べ、その対面に同レベルの同席者を並べることもあります。

　相手側が大勢の訪問団である場合は別として、相手側の訪問人数とこちらの同席者数はほぼ同じにしておくことが一般的です。相手側の随行者が多い場合には、数名だけ座席に座ってもらい、あとの随行者には別で用意したバックシートに座ってもらうこともあります。また、議事録の作成などの裏方業務を行う担当者も席には入らずにバックシートに座ります。

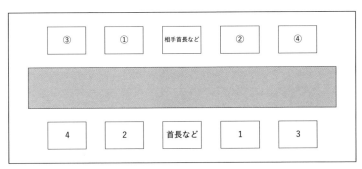

図　会談の座席例（対面の場合）Ⅰ

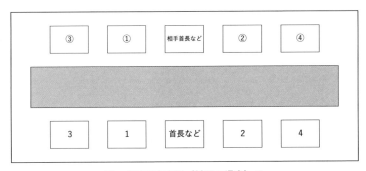

図　会談の座席例（対面の場合）Ⅱ

対面形式の場合、便宜的に通訳者が代表者の横に座ることもありますが、通訳は序列に入りません。通訳者の席を設けつつ、他の同席者は通常通り右上位で配席していきます。

会議の座席例（通訳が席の中に入る場合）

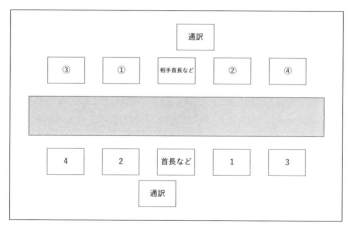

会議の座席例（通訳が後ろに付く場合）

　複数人の議員が訪問する場合など、肩書が同列の人が複数いることもありますが、その場合でも序列をつけて配席しなければなりません。当選回数や年齢が判断基準の一つになりますが、日によって訪問団の代表者を変えるというイレギュラーなパターンもあるので、相手方に事前に確認しておいた方が良いでしょう。

　また、事前に相手方に確認していたとしても、当日、席の変更を希望される

こともあります。席札を固定せずに、当日の希望に合わせて柔軟に動かせるようにしておくことで、こうした要望にも現場で対応することができます。

マルチラテラルの場合の配席

　国際会議のようなマルチラテラルの場合には、次の図のような配席が考えられます。図Ⅰは議長（議長都市）を中心として、右上位で右、左の順に配席するもの、図Ⅱは議長（議長都市）が参加都市と対面するものです。議長からみて右側から順に配席します。

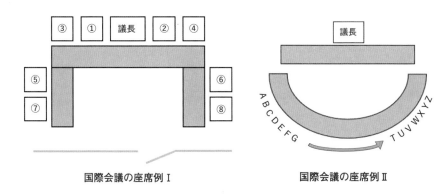

国際会議の座席例Ⅰ　　　　　　　　国際会議の座席例Ⅱ

　配席の順番はアルファベット順にするなど、参加者が公平に感じられるものにします（国名で並べる場合には、国連方式のアルファベット順）。また、複数の国の大使を招く場合には、国名のアルファベット順ではなく信任状捧呈順[4]に並べるのが一般的です。大国でも小国でも平等に扱うというのがプロトコールの基本ですので、国や都市の規模で序列をつけて配席をするようなことは避けましょう。

4　「信任状」とは、自国から他国に派遣する特命全権大使を任命する際に発行される外交文書のことです。外国の大使が日本に赴任すると、この信任状を天皇陛下に捧呈する儀式を行います。この儀式をもって、正式に大使の任期が始まりますが、外交団の大使の序列はこの捧呈の順番が早い（＝任期開始日が早い）順番になります（信任状捧呈順）。

4 敬称・呼称

　敬称や呼称は、本人が希望するものを使うことが重要です（敬称は書き言葉、呼称は会話で使うものです）。これを間違えて使ってしまうと失礼に当たりますので、注意が必要です。相手の敬称に確証が持てない場合には、相手方の連絡担当者などに事前に確認します。

(1) 氏名の記載方法

　主な記載例としては、次のものがあります。

① Taro Yamada（名、姓）
② Yamada Taro（姓、名）
③ YAMADA Taro（姓、名（姓を大文字））
④ T. Yamada（名の省略）
⑤ Taro YAMADA（名、姓（姓を大文字））
⑥ Taro <u>Yamada</u>（名、姓（姓にアンダーライン））
⑦ Yamada, Taro（姓、名（カンマの前に姓））

　令和元年10月25日「公用文等における日本人の姓名のローマ字表記について」によって、2020年1月1日より、各府省庁の公用文等での日本人の姓名のローマ字表記は「姓-名」の順を用いること、姓と名を明確に区別させる必要がある場合には、姓を全て大文字とし（YAMADA Haruo）、「姓-名」の構造を示すこととされました。また、「地方公共団体、関連機関、民間に対しても差し支えない限り「姓-名」の順を用いるよう、配慮を要請するものとする」としています。このため、自治体においても特段の理由がない限りは公用文等において上の②または③（「姓-名」の構造）を採用した方が良いでしょう。⑦も「姓-名」の順ではありますが、②、③の方がよく使用されます。

　これまで、日本人の英語記載は①のような「名-姓」の形を使うことが多かったため、抵抗のある方もいるでしょう。しかし、中国、韓国、ベトナムやハンガリーなどの国ではすでに英語表記であっても「姓-名」の順で書く形式が定着しています。

（2）敬　称

　敬称の書き方には主に次のものがあります（一例であり、他の書き方をすることもあります）。

国王：His/Her Majesty the King/Queen of 国名

王子・王女：His/Her Royal Highness Prince/Princess[1]

大統領：His/Her Excellency[2] など

首相・大臣：His/Her Excellency

　　　　　　またはThe Right Honourable[3] など

大使：His/Her Excellency[4]

州・都市の知事・首相：The Honorable/Honourable など

州の副知事・副首相：The Honourable など

ロードメイヤー：The Right Honourable

　　　　　　　またはThe Right Worshipful など

市長：米国：The Honorable

　　　英国：The Honourable Mr/Ms

　　　その他、The WorshipfulやHis/Her Worship など

副市長：市長に準じる、またはMr./Ms. など

州議会議員：The Honorable/Honourable など

市議会議員：The Honorable/Honourable

　　　　　　または（The Honourable）Cr/Councillor など

大学教授：Professor/Prof.（Dr.）

博士号を持つ人：Dr.

学位や職業上の特別な敬称がない人：Mr./Ms.[5][6]

※１：日本の皇室の場合にはRoyalの代わりにImperialを使います。

※２：アメリカ大統領は国内では "The Honorable" を使っていますが、外交上は "His/Her Excellency" を使います。

※３：主に英連邦の国ではThe Right HonourableやThe Honourableを使います。

※４：臨時代理大使や大使の肩書きを持たない総領事にはHis/Her Excellencyは使わず、通常のMr./Ms.（爵位や学位がある場合は相応の敬称）を使います。

※５：イギリス英語ではMrやMs、Drの後にピリオドを付けないことも多くあります。

※６：英国ではMr./Ms.の代わりとして、フルネーム又は姓の後にEsq.（Esquire）を付けることもあります。

　「または」と書いたものは、どちらでも使ってよいというものではありません。国や都市によって厳格に使い分けられているので、個別に確認する必要があります。

　一般的に「知事」と訳される "Governor" には、通常、"The Honorable" を使いますが、「州総督」であるオーストラリアの "Governor" には、"His/Her Excellency the Honourable" のように、"Excellency" と "Honourable" をつなげて使っています。また、英国等の市長では、都市によって "Honourable" を使うか、"Worshipful" を使うかが異なります。

　副知事・副市長以下の職員には特別な敬称を用いないことも多いですが、議員である米国の州副知事やオーストラリアの州副首相／副市長ではThe Honourableを使いますし、オーストラリアの州副総督では総督と同じ敬称を用います（His/Her Excellency the Honourable）。

　使い方としては、そのまま後にフルネームを書いて終わる場合だけでなく、役職名を書くことも一般的です。首相であれば "His Excellency＋フルネーム, Prime Minister of 国名"、市長であれば "The Honorable＋フルネーム, Mayor of 市名" などと使います。略語として、His/Her ExcellencyをH.E.と書くことや、The Honorable/The HonourableをThe Hon.などと書くのも一般的です。The Hon.はTheを付けずに "Hon." とすることもあります。

　王族に用いられる "Royal" は海外の国家レベルを相手にする場合でないと

ほとんど使うことはありませんが、中東諸国では王族が地方政府の首長を務めていることもあり、こうした場合には首長にも "His/Her Royal Highness Prince/Princess" などを使います。

　上述の敬称は、"form of address" または "style of address" と言い、都市によってはホームページで正しい敬称について記載していることがありますので、これらで確認することができます。

　ここで示したのは、英語の場合ですので、他の言語の場合にはそれぞれの言語で適切な敬称を用います。各言語の敬称を英語の中で使うこともあります。

　また、フルネームの後に、ローマ字の略文字が付いていることがあります。これは、その人物が叙勲された勲章の略です。英国のG.B.E.、オーストラリアのACなど様々なものがあります。また、議員の氏名の後にMP（Member of Parliament）などと付けることもあります。

　敬称は文書の宛先とする場合などでは書くべきものですが、いかなるときでも全て書かなければならないものではありません。市長は敬称を用いて "The Honorable/Honourable 氏名, Mayor of 市名" のように書きますが、「Dear Mayor＋姓」と書くこともあります。

Column	敬称に見る英米の違い

　英国では、大臣などの枢密院議員や一部の市長に加え、伯爵・子爵・男爵の貴族にはThe Right Honourableが使われます（公爵にはThe Most NobleやHis/Her Grace、侯爵にはThe Most Honourableが使われます）。その他にも細かいルールがあり、非常に複雑です。一方、アメリカでは外交的にはHis/Her Excellencyを使いますが、大統領も一般的にはMr. PresidentやThe Honorableが使われますし、州知事・市長・議員も幅広くThe Honorableが使われるなど、シンプルです。アメリカでも建国当

初にはHis/Her Excellencyが使われていたようですが、今ではあまり使われていません。

（3）呼　称

　相手を会話で呼ぶときに用いる呼称にも、ルールがありますが、敬称よりは単純です。

大統領：Mr./Madam(e) President など
首相・大臣：Mr./Madam(e) Minister（of 省庁・担当名）など
大使：Mr./Madam(e) Ambassador など
知事：Mr./Madam(e) Governor など
市長：Mr./Madam(e) Mayor など
大学教授：Professor
博士号取得者：Dr.
その他：Mr./Ms.

※よりフォーマルな呼称では、Your Majesty（国王）、Your Highness（王子、王女）、Your Excellency（敬称がExcellencyの人）、Your Honor/Honour（敬称がHonor/Honourの人）などもあり、会議の挨拶などのフォーマルな場面で使われます。

※英国では、爵位によってMr.の代わりに公爵はDukeやYour Grace、侯爵以下にはLord、Ms.の代わりに公爵にはDuchessやYour Grace、侯爵以下にはLadyを用いるなどの決まりもあります。また、男性でKnight、女性でDameの称号を与えられた人には、それぞれSir、Ladyの呼称を用います。

　Mr./Madam(e)を付けずにGovernorやMayorなどと呼びかけることも可能です。簡単な呼びかけ程度であれば、Mr./Madam(e)は付けない方が自然なこともあります。また、汎用性の高いものとしてSirやMa'amもありますので、相手の正確な呼称がわからない場合にはこれらを用いることもできます。

| Column | 「大使」の称号を持つ都市幹部職員 |

　大都市の幹部などで、まれに"Ambassador"という敬称を持つ人がいます。「観光大使」のような慣用的な使い方を別として、「大使」は国の外交官ですから、都市の幹部職員であっても通常はこの敬称を使いません。これはどういうことかと言うと、以前にその人が大使の役職にあったということです。アメリカなどでは、一度、大使に任命された人は引退後も敬称として"Ambassador"を使うことができます。つまり、外交官として活躍した人物が、都市の副市長や国際局長として市の国際交流などを担当しているのです。こうした場合には、相手側の記載どおり"Ambassador"の敬称を用いるべきでしょう。ちなみに、一度議員等を務めた人も同様に生涯"The Honorable"を使えることから、アメリカには少なくとも10万人以上、"The Honorable"を使える人がいるという話もあります。

5 パーティー

　自治体の国際業務の中でも、海外都市との交流の機会に関係構築のためにパーティーを開催することや、出張先で海外のパーティーに招待を受けることがあります。ひとえにパーティーといっても、様々な種類のものがあり、しきたりが異なります。主なものとして、以下の表のものがあげられます。

表　パーティーの種類[5]

名　　称	特　　徴
レセプション（reception）	・日中または夕刻に1～2時間程度行われる立食形式の行事。 ・夕刻を過ぎてから行われる「イブニングレセプション（evening reception）も外交の場で頻繁に開催される。 ・日本の在外公館が行う「天皇誕生日祝賀レセプション」のように、国や都市が公式行事として行うものも多い。 ・レシービングライン（第5章7（1）参照）を作ることもある。 ・主催者の挨拶にいれば、最初から最後まで参加している必要はない。
カクテル（cocktail） ドリンクス（drinks）	・立食形式で、お酒とともに、手や楊枝で簡単に食べられるオードブルを提供。 ・フォーマル度が低い、ビジネスの交流会など。 ・最初から最後まで参加している必要はない。
午餐（lunch, luncheon）	・12:30～14:30ぐらいに開催。 ・着席でフルコースの料理。
晩餐（dinner）	・19:30～22:00ぐらいに開催。 ・格式高いもので、指定の席に座り、フルコース料理を取る。 ・配偶者と一緒に招かれることも多い。
ビュッフェランチ(buffet lunch) ビュッフェディナー（buffet dinner）	・ビュッフェはフランス語で「配膳台」という意味で、テーブルに並べられた料理を自分の好みで取って食べる形式。 ・座席指定をしないことも多い。 ・午餐や晩餐よりもフォーマル度が低い。
お茶会（tea）	・主催者や参加者は主に女性。 ・紅茶を主体として、ケーキやサンドウィッチを供する。

　これらのパーティーの中で、自治体の国際業務で一番関係の深いものはレセプションでしょう。そのため、具体的なレセプションの開催方法などについて、第5章で詳述します。

5　杉田明子（2004）『国際マナーのルールブック』ダイヤモンド社、152-153頁及び日本マナー・プロトコール協会（2018）『大人のマナー講座』PHP研究所、38-40頁などをもとに筆者作成。

⑥ 服　装

　プロトコール関連の書籍や資料では、イベント参加時の服装として、よく以下のような例が示されています。なお、招待状には男性の服装しか記されていないことがありますが、こうした場合、女性は男性の服装基準と同等の服装を選びます。

表　行事に用いる服装の目安[6]

	男　　性	女　　性
〈夜・正礼装〉 （white tie）	燕尾服 （ホワイト・タイ）	ロングイブニング・ドレス （ヒール丈またはトレーン丈（引き裾））
〈夜・準礼装〉 （black tie）	タキシード （ブラック・タイ）	セミイブニング・ドレス／ディナー・ドレス （くるぶし丈またはヒール丈が正式。最近ではショート丈も可）
〈昼・正礼装〉 （morning coat/dress）	モーニング・コート	アフタヌーン・ドレス
〈昼／夜・略（礼）装〉 （informal/business attire）	平服 （ダークスーツ／ビジネススーツ等）	平服 （ワンピース／スーツ等）

　19世紀に英国の中流階級の人々が読んだエチケット・ブックの中にも、1日に少なくとも2回、時間の余裕と予算があるならもっと多くの回数、時間帯に合わせて服を着替えるのが常識だという記述があるなど、欧州では1日の間に何度か服を着替えることが文化として根付いていました。

　しかし、燕尾服やタキシードを持っている人はごく一握りです。国賓を招待した宮中晩餐会ですらも、相手国の文化によっては平服で行うこともあるようですので、自治体では公式イベントのようなフォーマルなものであっても上図に

6　杉田明子（2004）、83-84頁、寺西千代子（2014）『国際儀礼の基礎知識』全国官報販売協同組合、152頁などをもとに筆者作成。

従ってホワイトタイやブラックタイのイベントを開催する必要はありません。形式にとらわれすぎず、参加者の負担とならない形で行った方が良いでしょう。

　都市が開催するレセプションなどではドレスコードを "business attire"（平服）とすることが一般的です。もし海外都市のパーティーの招待を受け、参加する際は、男性はフォーマルな場合でも、ブラックスーツやダークスーツを用意すれば十分ですし、基本的にはビジネススーツで大丈夫です。女性もスーツやワンピースとジャケットで、ネックレスやイヤリングを着ければ十分です。国際会議などの後に行われる、立食レセプションなどでは "business casual"、"casual"とされることもよくあります。こうした場合には、男性であればノーネクタイにジャケットまたはジャケットなし、女性ならばワンピースなどでも十分です。

　また、民族衣装は礼装として扱われます。浴衣はカジュアルなため不適切ですが、着物であればフォーマルな場でも着用ができます。国際担当部署職員が着物を着ることはあまりありませんが、会議主催の首長や都市の代表者などが着物を着る場合は、着付けと美容の場所と時間を考えておく必要があります。

　礼装が求められるような場では、単に礼装を着用していればそれで良いというわけでもありません。例えば、ダークスーツやブラックスーツを着用している男性でも、足元を見落としがちです。ホテルマンなどが靴を見て客が上客かどうか判断しているという話を聞いて、靴に気を遣う人は多いですが、靴下が疎かになっていることもあります。せっかくスーツや靴に気を使っていても、座ったときにスラックスの裾が上がり、短い靴下とスラックスの間に肌が見えてしまうと不格好です。短めの靴下を好む男性も多いので、見落としがちなポイントです。

　TPOに合わせた服装を着用するというのは、単に服を買って着れば良いというものではなく、その衣服の正しい着用方法についての知識も求められるものです。

Column	レジメンタルタイとボタンダウン

　ネクタイの種類に「レジメンタルタイ」というものがあります。日本のビジネスマンも好んで着用している斜めストライプのネクタイのことです。「レジメンタル」は「連隊」の意味で、英国軍の各連隊の旗にこのようなストライプが使われていたことに由来します。大学のスクールカラーを配したレジメンタルタイなども作られていて、特定の団体への所属を表すものなので、ものによってはビジネスシーンでは不適切という意見もあります。

　斜めストライプのネクタイをイメージしていただくと、右上がりのストライプを思い浮かべる方が多いと思います。しかし、たまに左上がりのネクタイを見ることもあるでしょう。左上がりのストライプのネクタイは、アメリカの紳士服ブランド、ブルックス・ブラザーズの幹部が生み出したとされているものです（「レップタイ」と呼ばれます）。アメリカを中心として着用されていることから、右上がりを英国式、左上がりをアメリカ式と言うこともあります。ただ、実際にはアメリカの大統領でも右上がりのレジメンタルタイを着用していますから、このような考え方にとらわれすぎることはありません。

　ところで、ブルックス・ブラザーズが発明したと言われているファッションで、もう一つ重要なものがあります。ボタンダウンのシャツです（諸説あり）。今日では、主にビジネスマンのクールビズの服装として広く愛用されていますが、これは、元々はポロシャツの起源でもあるポロ競技に関係があります。同社創業者の孫が英国でポロ競技を観戦した際に、選手の襟が風でなびかないようにボタンで留められていたのに気づき、ボタンダウンシャツを生み出したとされています。このように、元々はスポーツウェアに着想を得たものですから、フォーマル度の高い式典などではあまり着用に適さないと言われています。

7 記念品

　海外都市の首長などとの面会時には、儀礼的に記念品を交換することも一般的です。相手にこちらの自治体を印象付ける機会ですから、自治体のロゴの入った記念品や地域産品などを送ることになります。

　しかし、文化の違いのため、こちらが良かれと思って贈ったものが、かえって相手を不快にさせてしまっては困ります。日本では「死」や「苦」を連想させる4や9の数は縁起が悪いとして慶事などでは避けられますが、欧米では13が不吉な数字なので、これを連想させるものは避けます。こうした事例として、この他に以下のようなものが挙げられます。

・中国では時計は葬儀を連想させる不吉なものなので避ける（「置時計を送る」の中国語「送鐘」は音が「送終」（看取る）と同じであるため）。
・イスラム教では偶像崇拝を禁じているため、イスラム教国の賓客に人形などは送らない。
・イスラム教のようにアルコールを禁じている宗教の国では、お酒やお酒に関係のあるもの（例えばワイングラスなど）は送らない。

　ただし、贈り物はあくまで受け取った人が喜ぶものであるべきですので、上記のものでも相手が特にその物を好んでいる場合など、状況に応じては贈ることもあります。日本では「つまらないものですが……」などと言って物を渡すこともありますが、外国人に渡す場合にはこうしたことを言う必要はありません。日本には謙遜の文化があるため、慣れないかもしれませんが、「あなたのために良いものを選んで持ってきました」という表現をした方が喜ばれます。

　また、都市の内規で受け取れる記念品の金額に上限を定めている場合もあるので、トラブルを未然に防ぐには、記念品の詳細について連絡担当者レベルで事前に調整をしておく必要があります。相手にノウハウを教えてもらうための

ヒアリングを行う場合などでは、お礼として一方的に贈り物をすることもありますが、お互いが対等の立場で話し合う面会などでは、一方的な贈与ではなく、相互に交換することが重要です。首長同士の記念品の交換の場面は交流の記録として写真に撮ることもよくあります。

　ただし、事前の調整を行った上で、記念品は事務方で交換する場合や、双方の合意を得ることで、記念品交換を省略することもあります。相手国の文化によっては省けないこともありますが、双方にとって負担になるような場合には、記念品交換の省略を申し出てみるのも良いでしょう。

⑧ 名刺・名札の作成

(1) 英文名刺の作成方法

　海外のビジネスシーンでは名刺交換は日本ほど盛んには行われていないようです。日本人が気にする名刺交換のマナーも、海外では一般的ではありませんので、もし片手で雑に渡されても気にしないことです。

　日本語が流暢でない外国人と名刺交換をする際には、英文の名刺を用意します。国際業務のイベントなどでも、日本人と外国人の両方と名刺交換をすることがよくありますので、どちらでも併用できるように、表面を日本語、裏面を英語などとしておくと便利です。

　英語の名刺は例えば、次のように作成できます。

○○ Prefectural Government

TANAKA Ichiro（Mr.）

Senior Staff Member, ○○ Section, ○○ Division, Bureau of ○○
○F, 1-2-3 ○○-cho, ○○-shi, ○○, 123-4567
Tel: ○○-△△△△-××××
Email: ○○○○@△△.jp

なお、役職名は自治体で定めていることが多いですが、団体として公式の英訳がない場合には、新たに相当の英訳を当てる必要があります。その際には、他の自治体等の事例が参考になります。例えば、北九州市では以下の表のように英語表記を指定しています。

役　　職	英語表記
市長	Mayor
副市長	Deputy Mayor
局長・区長[7]・担当理事・同等の職	Chief Executive
部長・担当部長・同等の職	Executive Director
課長・担当課長・同等の職	Director
係長・担当係長・同等の職（次長）	Manager（Deputy Director）
主査	Assistant Manager
主任	Senior Staff

表　北九州市の役職名英語表記（抜粋）[8]

　なお、○○担当課長のようなスタッフ職の場合は、"Director for（担当名）"のように "for" を付けて表現することができます。

（2）英文名札・席札の作成方法

　国際会議やレセプションなどでは参加者の名前を相互に把握できるようにするため、名札や席札を作成することもあります。名札は、瞬時に相手の氏名を見分けられるように、無駄な情報は入れずにできるだけシンプルに作成します。例えば、以下のような様式が考えられます。

　日本側と外国側が向かい合った会議で、英文の席札を作成する場合も同様ですが、席札の裏面を日本語で作成し、日本側には日本語、外国側には外国語で見えるようにしても良いでしょう。

7　行政区の区長。東京都特別区の区長の場合には、"Mayor" を使います。
8　北九州市「北九州市役職名英語表記」
　https://www.city.kitakyushu.lg.jp/soumu/file_0393.html

> John Smith
> Mayor of ○○

> KIMURA Jiro
> Director, International Affairs Section
> City of ○○

⑨ 茶菓の接待

　日本では、大事なお客様が来訪した時には、冬なら温かいお茶、夏なら冷たいお茶を出すのが普通です。また、中国の役所でも、制服を着た係員（男性の場合も多い）などがお茶を出してくれます。しかし、欧米では公式な面会などの際にお茶等が出てくることは少ないようです。

　短時間の表敬訪問であれば水やお茶は出さないと決めても問題ありません。人数の多い会談であれば、日本茶や紅茶などを来訪客の入室直前に配っておいても良いでしょう。最近はお茶の代わりにペットボトルを置いておくスタイルもよく見かけますが、地球環境への配慮の観点から、ペットボトルではなくガラス瓶やカラフェに入れた水とグラスまたは紙コップなどを用意するほうが望ましいです。

お菓子はカジュアルな会談なら出しても構いませんが、通常は必要ありません。もし、お出しするのであれば、アレルギーや宗教上の制限があることもありますので、原材料がわかるようにしておくことが大事です。

また、中国では冷たい水が身体に悪いという考えから冷水を好まない人もいますので、夏場でも相手の希望に合わせて、温かいお茶や白湯などをお出しすることもあります。

現在ではさすがに行われなくなってきましたが、日本ではオフィスで女性がお茶汲みをしてきた習慣もあります。こうした習慣は、性差別をしているものとして相手に悪印象を与えかねないので、賓客にお茶を出す場合でも男女で役割を変えない方が良いでしょう。

10 ノベルティグッズの配布

首長や都市の代表同士の記念品の交換以外に、その自治体のノベルティグッズや外国語版の広報資料などを同席者に配ることがあります。この場合、プラスチック製品、特にプラスチックの包装材料などはなるべく避け、環境保護に配慮した製品を使うなどの工夫もできます。また、国によってはもらった記念品の包装をその場合で破って中身だけ持って帰る人もいますが、文化の違いなので驚かないでください。

| Column | **時代とともに変わるプロトコール** |

　これまで説明してきたように、プロトコールは様々な条件によって変わりますが、同じ国を相手にしていても、時代によってプロトコールは変わってきます。

　第二次世界大戦前には宮廷外交を思わせる優雅で荘重なしきたりが残っていたフランスでも、戦後、プロトコールの簡略化が進みました。

　また、中国では料理を振る舞う側は客が食べきれないほど用意し、客側は料理を残すのがマナーという伝統があります（全部食べると、足りなかったと思われる）。しかし、近年では、こうした文化が食品ロスを発生させていると問題視されており、中国でも過剰な注文を減らす動きが出てきており、必要以上の注文をして残した場合に罰金を取る店もあるそうです。

　プロトコールは相手都市との関係を良好にするための手段ですので、形式にとらわれすぎず、時代に合わせて変えていく柔軟な対応が求められます。

第5章

海外調整の実務

1 ロジとサブ

　要人対応や会議の準備などを行う業務では、「ロジ」と「サブ」という言葉が頻繁に使われます。ロジは「ロジスティクス」（logistics）の略で、兵站や後方支援などと訳される軍事用語に由来し、出張や事業開催等の成功のために裏方で調整などを行うものです。また、サブは「サブスタンス」（substance）の略で実質的な中身のことです。

(1) ロジスティクス（ロジ）

　会議や面会であれば、会場の確保、スケジュール調整、動線や警備体制の確保など、海外出張であれば航空便や宿泊施設の手配、移動手段の確保などがロジに当たります。そもそものロジスティクスの意味が「兵站」のような後方支援なので、裏方業務にはなりますが、スケジュールに合わせて話の内容などのサブが変わってくることもあり、ロジとサブは密接に結びついています。国際業務を円滑に進める上では、ロジをうまくこなすことが不可欠です。

　首長や幹部の海外出張の際などでは、空港や会場などでの動線、座席表、職員の動き、相手都市の情報などをまとめた、通称「ロジブック」を作成することもあります。ただし、2018年に外務省でも合理化のために大臣の海外出張時のロジブックの廃止などの取組も行われました。紙資料の削減や事務負担の軽減のため、作成する場合でも必要最低限の情報に留めるなど、簡素化を意識した方が良いでしょう。

　イベントなどで賓客に渡すスケジュールとは別に、事務局側のスケジュールを作成すると便利です。時間と場所、対応者などを明確に指定します。例えば、「14:45にB課長とD主任が玄関で待機、14:55に海外T市の市長が来庁するので誘導、15:00から市長と面会（E主任が議事録担当）」などという一連の情報を表にして時系列に並べます。

表　対応スケジュールの例

時間	対　応	対　応　者
14:45	庁舎玄関で出迎え待機	B課長、D主任
14:50	応接室で待機	A部長、E主任
14:55	T市市長一行到着、市長室に移動	誘導：B課長、D主任
	到着確認連絡	連絡：D主任→E主任
14:58	市長、応接室入室	市長誘導：C係長、F主事
15:00	T市市長一行、応接室到着	
	面会開始	議事録：E主任
15:20	記念品交換	補助：B課長、C係長
	記念撮影	撮影：F主事
15:25	面会終了、退室	誘導：B課長、D主任
15:30	庁舎前で見送り	B課長、D主任

　また、特に運営に多くの人員の必要な会議やレセプションなどでは、縦軸を人、横軸を時間として全体の動きを確認できるような表を作成することも有効です。

表　レセプションのスケジュール例

時間	進行	市長	司会 A部長	来賓誘導 B課長	幹部対応 C課長	受付 D係長	受付 E主事	ケータリング対応 F主任	通訳対応 G主任	プレス対応 H係長	プレス対応 I主事
15:00	準備開始					会場設営		会場設営	会場設営	会場設営	
17:00	ケータリング業者到着			到着	到着			業者対応			
17:15	受付設営				設営指導	受付設営					
17:30	幹部到着			到着	設営指導						
17:45	通訳到着										
18:00	受付開始		来賓・市長対応		幹部対応	受付		ケータリング調整・会場写真撮影	通訳対応	プレス受付	
18:30	レセプション開始	到着	司会	来賓対応						プレス誘導	
18:45	開会挨拶	挨拶									
18:55	乾杯挨拶（来賓）									プレス対応	
19:00	歓談	歓談				遅刻者対応	参加者集計				
20:25	閉会のアナウンス	退室									
20:30	終了	終了									
20:35	参加者誘導				誘導				誘導	撤収準備	
20:45	撤収作業		終了	撤収作業							
21:30	完全撤収			終了							

　また、緊急連絡の必要が生じることもあるため、同じ資料に相手の連絡先や、こちらの対応者や関係部署の連絡先を併記しておくと便利です。なお、事前の調整時に使用した先方のメールアドレスや電話番号は、来日後は使えない可能性があります。当日、確実に連絡が取れる連絡先もお互い事前に交換しておくと安心です。

（2）サブスタンス（サブ）

　事業のメインに当たるものです。国際会議であれば首長等が講演をする際のプレゼンテーション資料や発表原稿、面会であれば、発言原稿の作成がサブに当たりますし、海外出張であれば具体的な訪問先との調整などが含まれます。

　プレゼンテーション資料や挨拶文の作成については後の項目で説明しますが、これらの作成に当たっては、何を話すかという中身が重要です。自治体の取組をPRする場合などは庁内の各部署との調整により中身を整えることになりますし、相手都市と一対一（バイラテラル）で面会を行う場合などには相手都市に合わせて内容を構成する必要があります。そのため、相手都市の政策や首長の関心事項などを把握した上で内容を考えます。面会相手が国政の与党と野党のどちらに所属しているか等も調べると、相手の政治的な方向性の理解に役立ちます。

　より良い資料や挨拶文を作成するためには、日頃の情報収集が重要です。情報収集については、第2章3（6）で書いたとおりですが、幅広く海外情勢の情報収集をするだけでなく、相手首長の関心事項などを調べておく必要があります。

2 海外出張

　自治体の国際業務の中では、海外出張の機会もあります。出張の用務の例としては主に、①海外都市の視察・調査、②国際会議やイベントへの参加、③姉妹都市等との親善交流などがあります。出張者は、首長から一般職員まで様々な場合があります。

（1）日程表の作成

　海外出張準備の基本となるのは、出張先での日程表の作成です。目的に合わせて誰を訪問すれば良いのかなどを考え、最善のスケジュールを組みます。相手都市のカウンターパートとの面会、ヒアリング、視察、参加イベントなどの

予定を入れていきますが、相手側の都合や場所を考慮して具体的な時間を決めます。

　ガイドブックや地図検索サイトなどを使い、空港、ホテル、訪問先等の場所、移動にかかる時間、食事場所などを確認します。距離的に近いところをまとめた方が良いのは言うまでもありませんが、移動時間が短い場合でも、現地での渋滞やトラブルを考慮して余裕を持った日程を組みます。特に、多数の旅行客が都市を訪問する大規模イベントの開催や豪雪といった天候条件などによって、通常よりも移動に時間がかかることも想定されますので、現地の最新情報を収集し、対処します。

　日程表は簡潔にまとめ、次の予定や全体の予定がすぐに判別できるようにします。以下の表は日程表の作成例です。

表　海外出張日程表の例

日	時	訪問先・場所等	備　　考
7月3日 （火）	12:00	羽田空港着	
	14:00 （日本時間）	羽田空港発	○○航空○○便
	13:00 （現地時間）	A空港着	
	14:00～15:00	○○視察	
	16:00	○○ホテル着	
	18:00	○○レセプション参加	
		場所：○○ホテル	
7月4日 （水）	9:00	ホテル発	
	10:00～10:30	A市長との面会	
		場所：A市庁舎	
	11:00～12:00	A市施設視察	案内：A市B課長
	13:00～14:00	昼食	
		場所：○○レストラン	
	15:00～18:00	観光プロモーションイベントへの参加	16:00～16:10：スピーチ
		場所：○○コンベンションセンター	
	19:00～20:00	夕食	
		場所：○○レストラン	

7月4日 （水）	21:00	ホテル着	
7月5日 （木）	9:00	ホテル発	
	10:00〜10:30	B社社長との面会	
		場所：B社本社	
	11:30〜12:30	昼食	
		場所：○○レストラン	
	13:30	A空港着	
	15:30	A空港発	○○航空○○便
7月6日 （金）	19:30 （日本時間）	羽田空港着	

　首長の出張など、特に重要な海外出張の場合には、職員が当日のスケジュールや動線を事前に確認し、必要な手配を進めていきます。

（2）航空便、宿泊、パスポート、ビザ等

航空便の手配

　大まかな日程が決まったら、航空便と運賃をインターネット等で調べて予算の目安をつけます。航空代金は直前になると大幅に変わることもあります（値段が上がるか下がるかは一概には予測できません）ので、検索時の金額よりも余裕を持って見積もっておいた方が無難です。旅行代理店に発注する場合と、航空会社から直接購入する場合がありますが、いずれの場合でも、航空便の変更やキャンセルの条件、発券日等を確認し、手配の準備をします。

ホテルの手配

　用務先の場所や空港との位置関係、周辺の治安状況等を調べた上で候補となるホテルをピックアップします。宿泊金額、車寄せやビジネスセンターの有無などを確認して予約します。

　出張用務での訪問先が都心部である場合には、宿泊料が高額であるため、用務先の近くに宿泊できないこともよくあります。また、同じホテルであっても観光シーズンなどに料金が高騰することがあります。

　宿泊料が旅費の規定額を超えるような場合には、少し用務地から遠い地域のホテルも検討に含める必要がありますので、用務地への交通手段などのアクセスを考慮しつつ、ホテルを選んでいきます。

　都心部に安価なホテルがある場合でも、周辺の治安が悪く、宿泊を避けた方が良いこともあります。海外都市の中には、犯罪が起こりやすい地域と比較的安全な地域があり、一般的に治安の良くない地域では宿泊料も安価になります。事前に治安情報を収集の上、危険な地域のホテルの利用を控えるなどの対処が求められます。

　国際会議に招待される場合は、主催者からホテルを紹介されることや宿泊料を先方が負担してくれることもあります。こうした紹介がない場合、訪問先の都市に現地の情報を聞いてみても良いでしょう。

パスポート、査証（ビザ）等

　海外出張に当たってパスポートが必要なことは言うまでもありませんが、注意すべきなのは、その有効期限です。国によって異なりますが、入国時点でパスポートの残存有効期間が3か月や6か月などないと入国ができないこともあります。急な出張が想定される場合には、残存有効期間が短くなりすぎないよう、注意が必要です。

　日本のパスポートは、ビザなしで入国できる国・地域数が世界1位（2020年時点）で、191の国・地域にビザなしで入国することができますが、依然としてビザがないと入国できない国もあります。また、ビザの取り扱い状況は変更されることがありますので、必ず在京大使館のウェブサイトや旅行代理店に確認します。国によっては訪問先からの招聘状が必要な場合もありますので、余裕を持って準備する必要があります。

　また、アメリカのESTAやカナダのeTA、オーストラリアのETASなどのように、事前にウェブサイトなどで申請が必要なものもあります。これらの渡航認証では代行サービスもあり、特にETASでは早めに申請することで通常よりも安価に取得できる代行サービスがあります。一方、ESTAでは代行サービス

の方が手数料を高く取られることも多いので、不当な金額を請求されないよう気を付けた方が良いでしょう。

　執筆時現在、新型コロナウイルスの感染拡大によって国際的な人の往来は著しく制限されています。海外に渡航した場合、渡航先での隔離期間の短縮または免除のためのワクチン・パスポートの発行を行う国が増えています。今後しばらくの間、海外出張時にパスポートやビザに加えて、ワクチン・パスポートや陰性証明書の携行等が必須になるものと思われます。

（3）表敬訪問、視察等

アポイントメントの取付け

　自治体の首長、職員の海外出張は、その成果を最大限、地域に還元できるようにしなければなりません。海外出張の目的に沿いながら、限られた時間を有効に使えるようにスケジュールを組みましょう。国際会議に招待された場合などでも、空き時間に他の訪問や視察を入れることで、出張の機会を最大限に活かすことができます。ただし、海外出張には行事の延長、交通渋滞による遅れなどが付き物ですから、多少の予定変更を調整できるよう余裕を持たせておく必要はあります。

　海外都市の行政機関を訪問する場合などは、相手側の予定を確保するため、出張前にアポイントメントを取るようにします。まずは、出張の目的に合った視察先や訪問先を選定し、その予定の調整を行う相手を探します。相手先とやり取りをしたことがあり、連絡先を知っているなど、すでにツテがある場合には、それを最大限活用することで調整を円滑に進めることができます。あまり交流がない都市や団体の場合にはウェブサイトなどに掲載の連絡先に連絡するようにしますが、回答が返ってこないこともあります。その場合には、件名や本文の内容を工夫して再送したり、一定期間様子を見た後で、催促の連絡をしてみても良いでしょう。

　電話でアポイントメントを取り付けることもできますが、高い英語力が求められます。また、電話の場合でも聞き間違いを避け、相手と認識をすり合わせ

るため、メールで時間や場所などを確認しておいた方が良いでしょう。さらに、国によってはメールや電話と別に、依頼文書を求められることもありますので、その場合は郵送やメールへの添付で送付します。

　なお、相手側の窓口となるのは、基本的に一人と考えて良いでしょう。日本の自治体ではチームメンバーをメールのCCに入れて担当者だけでなく、副担当でもわかるようにするのが普通ですが、一人ひとりの業務分担が明確な国（欧米など）では、CCを受け取っている同僚でも返信を肩代わりしないこともあります。こうした場合、担当者が休暇などで不在の間は調整が停滞することもあります。担当者の反応が悪い場合でも、その上司に、こちらの上司から連絡をすると、不快感を示されることもあるので注意が必要です。

　アポイントメントを取る上では、余裕を持ったスケジュールが求められます。相手都市にも調整の時間がかかりますので、1か月以上の余裕がなければ断られてしまうこともあります。反対に、都市によっては、先の日程を柔軟にしておくために、希望の日程の3週間前にならないと受け付けない、というところもあります。その場合、ごく稀に出発の直前、あるいは出発してからもアポイントメントが確定しないという事態も起こり得ますが、これが相手都市の文化だと思って最後まで調整を続けるしかありません。

　また、同時並行でいくつかの訪問先と調整することもありますが、訪問時間が重なり、後になって変更してもらうなどのことがないよう計画的なアポ取りが重要です。

表敬訪問

　「表敬訪問」とは敬意を示すために相手方を訪問することで、英語では"courtesy call"と言います。海外都市を訪問した際に、その都市の首長を儀礼的に訪問するなどのもので、海外からの来訪者が日本の自治体の首長を訪問することも頻繁に行われています。

　海外出張の際に日程に盛り込まれることが多いですが、海外都市の首長や私企業のトップなどに表敬訪問をしたいと依頼しても「ご挨拶」以上の中味がな

い場合、訪問を断られることがあります。多忙なトップは目的のない訪問を受けて時間を無駄にしたくないからです。忙しい相手を訪問する場合はアジェンダ（議題）をきちんと用意した上で依頼をする必要があります。アジェンダは、相手都市の情報を収集し、共通課題などを選んで、相手都市から関心を持たれる内容とします。また、MOUの締結や協力事業の実施など、具体的な提案をしてみるのも良いでしょう。

視察、調査

　行政サービスの向上のため、海外の事例を活用できる場合もあります。簡単な情報提供を求めるだけであれば、メールやオンライン会議などでも十分なこともありますが、特にインフラなど現場を実際に見に行かないとわからない場合には、出張が必要なこともあります。

　こうした調査活動では、第一にテーマに合った訪問先を選定する必要があります。現在ではインターネット上で海外都市の様々な情報が公開されていますので、それらに基づいて調査を行います。訪問のアポイントメントを取ろうとしても、ウェブサイトでその情報を公開しているという理由で訪問を断られることもあります。受け入れてもらえる場合でも、限られた時間の中で担当者からでないと聞けない情報をヒアリングするため、公開情報で手に入る情報は下調べをしておきます。

　訪問先を選定したら、アポイントメントを取得します。注意点は先述のとおりですが、特に調査の場合には、一方的に相手のノウハウを教えてもらうことになるため、相手にとって利益となりにくいことがあります。時間や労力を割いて説明をするので、相手側にも利益が見出せないと受け入れてもらえないこともあります。特に大都市では視察や説明の依頼が世界中から頻繁に寄せられるため、アポイントメントを取るのが容易ではありません。また、すでに日本の他の自治体に同じテーマの説明しているような場合にも、説明を断られることがあります。そのほか、都市によっては現場視察に料金を取っているところもあり、自治体職員相手でも費用を請求されることもあります。

　このように、海外都市への調査ではなかなかアポイントメントを取れないこともあります。渡航までに日時が決まらないこともありますが、相手に当日訪問したとしても、受け入れてもらえませんし、仮に対応してくれたとしても失礼に当たります。調整のスケジュールに余裕を持ち、返事が来ない場合には督促の連絡をするなどして必ず事前に調整し、アポイントメントを取るようにしましょう。

　時間のない中で聞きたい情報を得るためには、事前に質問リストを作成して送付しておくことも有効です。特に、具体的な数字を知りたい場合などには、相手も記憶で即答できるものではないため、事前に回答を用意してもらう必要がありますから、質問リストが役立ちます。

　また、ヒアリングに行った場合に、日本での状況を聞かれたり、日本の事例紹介のプレゼンテーションを求められたりすることもあります。事前に求められていない場合には資料まで作る必要はありませんが、相手にとっても有意義な時間とできるよう、日本の事情について口頭で説明できるようにしておきましょう。

　特に通訳を介さない場合には、言語の問題から相手に聞き取った内容を完全に理解できていないこともあります。正確な記録を作成するためには、録音をしておくことが望ましいですが、その場合は録音することについて必ず相手の許可を得ておく必要があります。

表敬訪問、視察後の対応

　面会や調査の後には日本からのお土産を渡したり、後述のようにお礼状を書いたりするなど、相手への感謝の意を示します。相手の心証を害してしまえば、日本全体のイメージを悪くし、他の日本の自治体が訪問を希望した場合に受け入れてもらえないこともありますので、必ず何等かの形で謝意を示すようにします。

　お土産は自治体のロゴなどが入ったグッズや、地域産品などで問題ありませんが、第4章7に記載のとおり、相手の文化によっては渡さない方が良いもの

もあります。また、移動の際の荷物となるため、できるだけかさばらないものを選んだ方が良いでしょう。なお、日本でお土産を渡す場合には食品を渡すことも多いですが、海外出張時に食品を持参すると検疫で廃棄されることもあるため、注意が必要です。

（4）日系機関等への依頼

自治体国際化協会への活動支援依頼

　表敬訪問や視察、調査などのアポイントメントの取付けは、自治体国際化協会が支援を行っています。同協会が支援する地域は事務所を置いている国の近隣諸国に限られますが、現地の自治体とのネットワークを築いているため、直接訪問先に連絡するよりもアポイントメントを取りやすいこともあります。現地の事情を把握しているため、より良い訪問先について助言をもらえることもあります。

　また、自治体国際化協会は、渡航者に現地の行政制度などを説明する支援（海外事務所からのブリーフィング）も行っていますので、現地に同協会の海外事務所がある場合には、訪問先の候補に加えても良いでしょう。自治体国際化協会は全国の自治体の共同組織であり、国内全ての自治体からの依頼を受け付けています。このほかにも、自治体国際化協会の海外活動支援では、事務所職員によるアテンドや、イベント支援、通訳のあっせん、車両手配、会議室の提供、備品の貸出など、海外出張を効果的に行うために必要な様々な支援を提供しています（第3章1（1）参照）。また、海外都市の政策の調査だけであれば、直接現地に行かなくても、自治体国際化協会が自治体からの依頼に応じて調査を行うこともあります。

外務省、その他の日系機関等への依頼

　海外出張の際には、自治体国際化協会以外にも在外公館や現地の日系機関などに協力を依頼することがあります。特に、外務省では自治体からの便宜供与依頼も受け付けているため、協力を仰ぐことがあります。その他、公的機関で

あれば、第 3 章 1 (4)で紹介したJETROやJNTOなどが、経済分野や観光分野などそれぞれの目的に合わせた連携先として考えられます。

（5）現地での移動・通信手段

現地での移動手段

　海外都市内の移動には、通常、公共交通機関やタクシーを使います。ただし、都市によっては、公共交通機関内でスリが多発していたり、タクシーでぼったくりなどの危険な目に合ったりすることもあるため、使用を控えた方が良い場合もあります。そうした場合や、より柔軟な対応が求められる場合には、現地で車両を借り上げることもあります。車種は乗車人数や荷物の量、訪問先の道路・駐車場所の条件などを考慮して決めます。車両は旅行会社に依頼し、事前に訪問先の情報を提供するなどして手配しますが、時間単位で費用がかかり、延長した場合には追加費用がかかるため注意を要します。

　また、都市によってはUberが普及しており、現地の言葉がわからなくてもアプリ上で乗降場所の指定、料金確認ができ、また現金での支払いも選べるので便利です。ただし、通常のタクシーとは異なるため、自治体内の会計処理上、Uberが使えるか事前に確認を取っておいた方が良いでしょう。

現地での通信手段

　海外出張中は、出張者同士や訪問先との連絡、日本との連絡のため、通信手段を確保します。通常はスマートフォンで通信が確保できれば十分ですので、Wi-Fi機器を借り上げたり、短期間利用できるSIMカードを購入したりすれば対応できます。近年では、日本のSIMカードでも海外に対応しているものも多いですが、海外用のSIMカードを購入した方が安価で済むこともあります。海外用SIMカードは、現地で買うもの以外にも、日本からインターネットで購入できるものもあります。Wi-Fi機器を借り上げる場合には、事前に予約しておくことで、日本の空港で受け取り、返却をすることができます。

　現地では即座に連絡できるよう、現地で連絡を取る可能性がある連絡先は、

事前にまとめておくと良いでしょう。また、日本側でも、必要に応じてすぐに国内の情報を提供できるよう、出張者にすぐに連絡できる体制を整えます。

　なお、国によっては、インターネットの利用環境が日本と異なることがあります。例えば、中国では一部の検索エンジンやメールサービス、SNSの使用が制限されており、連絡や情報収集が不自由になる場合があります。

（6）持ち物の確認

　出張時に持っていく必要のあるものは、事前にリストにしておくなど、忘れないように工夫をしておきます。通常の海外旅行でも必要なパスポートや常備薬、衣類、スマートフォンなどに加えて、自治体の海外出張では、地域のPRパンフレットや面会相手に渡す記念品などを持っていく必要があります。地域のPRパンフレットなど、大量に配布するものは、出張時に持ち込むのが難しい量であれば、事前に了承を得た上でホテルに送付したり、自治体国際化協会に依頼して現地の事務所に送付して受け取ってもらったりします。

（7）危機管理

　海外出張では、日本国内の出張とは異なる危機管理が必要となります。出張中に犯罪に巻き込まれたり、パスポートを紛失したりすれば、せっかく立てた日程に大幅な遅れが生じるなど、出張全体に影響が及んできます。

　人混みや地下鉄ではスリも多いので、荷物から目を離さないことや、取りやすい位置のポケットに貴重品を入れないことが重要です。また、一方的にミサンガを腕に付けてきて買わせるような、押し売りにあうこともあります。様々な手口がありますので、海外出張や海外旅行に慣れていない場合には事前に安全情報を仕入れた方が良いでしょう。また、特に空港から市街地へのタクシーなどでは、不当な料金を請求するタクシーも多いので、利用前に料金を確認したり、旅行ガイドブックなどに掲載されている安全なタクシー会社を調べておく方が良いでしょう。

　海外ではテロの発生などの危険もあります。外務省の「海外安全ホームペー

ジ」では各国の治安情報や安全の手引きを公開していますので、これらが参考になります。また、外務省では海外への渡航者に海外安全情報配信サービス「たびレジ」への登録を薦めており、これに登録することで現地の大使館や総領事館が発出する安全情報を受け取ることができます。

　そのほか、生水・水道水を飲まない、風土病の対策（予防接種等[1]）をするなど、体調管理の面でも国内とは異なる配慮が求められます。出張中の体調不良は自分が辛いだけでなく、同行している上司や同僚にも迷惑をかけることになります。鎮痛剤、風邪薬、整腸剤などの常備薬は日本のものを持って行った方が良いこともあります。ただし、国によっては特定の薬を持ち込めないこともありますので、注意が必要です[2]。

　また、海外出張では旅費を最小限に抑えるために、現地に到着してすぐに用務があるような、余裕のない日程になりがちです。長時間のフライトと時差で、体力のある若い人でも体調を崩すことがあります。ネックピローや耳栓を持ち込むなど、飛行機の中で十分に休めるような工夫を行い、体調管理に努めましょう。

（8）海外出張のサブ

　海外出張時に行う国際会議での発表原稿や、海外都市首長等との面会の話題などのサブは、出張前に内容を固めておきます。具体的な作成方法は後述しますが、日程表や訪問地の地図などのロジ情報と合わせて、発表原稿や面会での話題などのサブの資料を出張時の資料としてひとまとめにして、出張の移動時間などに確認できるようにしておきます。

1　アフリカや中南米の一部には、黄熱の予防接種証明書を携帯していないと入国できない国があります。また、入国時に必須ではありませんが、肝炎や破傷風などの予防接種をしておいた方が良い場合もあります。詳細は、厚生労働省のウェブページ（https://www.forth.go.jp/useful/vaccination.html）などを参考にしてください。
2　入国審査で持病の薬が問題となることが懸念される場合や、現地で持病の悪化が想定される場合は、かかりつけ医に病気の状況やアレルギーの有無、使用している薬の概要などを英語で書いた文書を作成してもらっても良いでしょう。

(9) 海外出張後

　海外出張後には、面会や視察、国際会議への参加によって得られた知見や成果を、復命書などの形でまとめるのが一般的です。

　また、面会や視察の受け入れをしていただいた相手、国際会議やレセプションに招待してくれた相手には、お礼状を作成します。事務担当者同士であれば、お礼のメールで済ませることもありますが、首長の出張であれば、首長名の文書を発出した方が良いでしょう。詳細な作成方法は第6章2で説明します。

③ 国際会議への参加

(1) 会議参加登録

　国際会議に参加するには、まず、参加者登録を行います。幅広く参加登録を受け付けている会議と、招待を受けた人や特定の条件を満たす団体のみが参加する会議があるので、全ての会議に参加できるわけではありません。

　自治体の首長や幹部等が会議に招待された場合には、プログラムの中で登壇を依頼されることもよくあります。登壇する場合には、テーマや持ち時間、質疑応答の有無、発表形式（スライドを使えるのかなど）、会場の配置や動線などを確認しておきます。

　国際会議に招待されたからとはいえ、全てのプログラムに参加しなければならないわけではありません。首長級の場合、国際会議への参加に並行して、会場内の空き部屋を借りて、参加している海外都市の首長と一対一の話し合いを行うことや、現地のメディアからのインタビューに応えることもあります。また、会場を離れて視察や面会を行うこともあります。「プレナリーセッション」（plenary session）のような全員参加のセッションや、登壇の機会があるセッション、自治体として関心の高いテーマのセッションなどを確認して、優先度を見極めながら日程を組んでいきます。

　会議のプログラムや登壇者は、直前や会議の開催中でも変更が生じることが

ありますので、急な予定変更にも柔軟に対応することが求められます。最近は、国際会議に参加登録するとアプリやウェブ上から、プログラムや急な変更などのお知らせが見られる事がありますので、これらを活用して迅速に情報を得られるようにしておきます。また、アプリでは他の参加登録者の所属や名前が見られることがあるため、ネットワーキングなどの参考とすることができます。

Column | **早起きは三文の徳**

　国際会議や国際イベントに参加する際に、"early bird"という表記を見ることがあります。これは、"the early bird gets the worm"（早起きの鳥は虫を捕まえる）の意味で、日本語では「早起きは三文の徳」と訳されます。このような表記がある場合は、申込み時期によって参加費などが異なるようになっており、早く申し込むことによって費用を安く済ませることができます。無駄な支出を避けるためにも、こうした機会を見逃すことなく虫を捕らえ（get the worm）られるよう、スケジュールに余裕を持って申込みをすることをおすすめします。

（2）プレゼンテーション、スピーチ等の準備

　せっかく、海外の聴衆向けにプレゼンテーションやスピーチを行う機会を得られたのであれば、できる限り良い印象を与える場としたいものです。プレゼンテーションで聴衆を引き付けるためのサブ（原稿作成など）については後述しますが、ロジの確認も不可欠です。

　会場の規模、会場レイアウト、会議全体の流れ、他の登壇者、使用できるスライドの様式、プロンプターなどの設備機器類等について確認を取ることで、当日のトラブルを未然に防ぎます。こうした詳細情報は、会議の主催者側から依頼を受けた際に提供されることもありますが、情報が不十分な場合も多いた

め、相手の事務方と密に調整を行うことで情報収集を行い、会議の場に最適な
プレゼンテーションやスピーチを行えるようにします。

（3）レセプション等への参加

　国際会議のプログラムの中には、レセプションなどの他の参加者とのネット
ワーキングの機会が設けられていることが一般的です。他の参加者とのフラン
クな交流の場ですので、海外都市の首長や幹部、担当職員等と良好な関係を築
く機会として活用できます。首長級を中心とした国際会議では、イベントに参
加できるのが首長級に限定されていることもあります。その場合、首長以外を
対象とした別のイベントが同時並行で開催されることもあります。

　首長級等に限定的されたイベントなどは会場に入れる同行者数が限定されて
いるため、通訳以外に随行が何名同行できるかなどを事前に確認しておく必要
があります。また、ネットワーキングイベントは普段交流のある都市の首長等
との挨拶や、今後関係を発展させたい都市の首長と出会う機会ですので、首長
等が会っておいた方が良い人を事前に写真などで調べておいて、現場で会って
いただくこともあります。

（4）ウェブ会議への参加

　2020年に新型コロナウイルスが世界中で感染拡大する中で、広まったのが
ウェブ開催の国際会議です。ZoomやWebexなどのサービスを通じて、様々な
国から多数の人で参加できるため、多くの国際会議がウェブで開催されるよう
になりました。

　ウェブ会議は、設備とインターネットへの接続環境さえあれば参加でき、費
用が無料なことも多いため、現地開催の国際会議よりも参加しやすいことが利
点です。一方で、あらゆる国からの参加者がいるため、時差の問題から、日本
時間の深夜に開催され、対応が困難な場合もあります。

　ウェブ会議では、ブレイクアウト機能を使って、数人～10人程度のグループ
に分けて討論の機会が設けられることがあります。事前に参加グループを登録

できる場合は良いですが、主催者側の判断でグループ分けされる場合、同一自治体からの参加者の扱いがどうなるかは会議によります。同じグループを希望する場合や、別々のグループを希望する場合には、事前に主催者にその旨を連絡した方が良いでしょう。

　スピーカーやパネリストとしての参加を求められた場合には、リアルタイムで参加するのが基本ですが、どうしても都合がつかない場合は、主催者と相談の上、事前に撮影したビデオメッセージを送り、当日放映してもらうこともあります。

 # 国際会議の開催

　ロジとサブの工夫が最も求められるものの一つが国際会議の運営です。国際会議を開催する場合には、会場の手配から多数の参加者の動線管理、日程管理など、高度なロジを求められます。

　国際会議の開催は、規模や形式にもよりますが、多大な時間と労力を要するものです。大規模な会議を開催する場合には、必要に応じて前年度のうちに、予算を計上しておくだけでなく、運営を担当する職員の増員も要求しておく必要があるでしょう。また、ホストとして国際会議を招致するような場合には、数年前から準備しなければならない場合もあります。

　大規模な国際会議では、会議当日に参加者の誘導や会議の進行管理などに多数の人員を必要となりますので、部署横断的に応援を要請することも考えられます。

（1）国際会議の準備

　国際会議の日数は、短いもので2〜3日、長いもので1週間程度のものがあります。まずは会議のプログラムで必要なものを洗い出し、日数を設定します。国際会議のプログラムとしては、例えば次のものがあります。

・開会式（opening ceremony）：主催者などが開会の挨拶を行うもの。

・基調講演（keynote speech/address）：国際会議全体の基本的な方針を示す講演。通常、他の講演の前に行われます。

・プレナリーセッション（plenary session）：全員参加のセッション。

・分科会（thematic/ parallel sessions）：個別のテーマに分かれて行われる会合。並行して複数のものが開催されることもあります。

・パネルディスカッション（panel discussion）：あるテーマについて、登壇者（パネリスト）が意見を述べた後に、意見交換を行う討論会。通常、司会（コーディネーター、モデレーターなどという）が討論をまとめます。

・円卓会議（roundtable）：同レベルの立場の人が、テーブルを囲んで行う会議。首長同士が意見交換を行う会議など。「円卓」という名称ですが、「コ」の字型、「ロ」の字型などもあり、必ずしも円形でなければならないわけではありません。

・対談（dialogue）：特定の2人による対談形式のものです。

・ワークショップ（workshop）：特定のテーマについて、議論や体験を通じて学ぶものです。

・コーヒー／ティー・ブレイク（coffee/tea break）：プログラムの間に休憩時間として設けられるもの。単なる休憩ではなく、参加者同士の交流の機会として活用されます。

・朝食会議（breakfast meeting）：朝食を取りながら会議を行うものです。

・昼食（lunch break）：昼食休憩です。用談を伴う昼食会（working lunch）のスタイルもあります。

・歓迎レセプション（welcome reception）：国際会議初日の夕方や夜などに、参加者を出迎えるために開催されるレセプションです。開会式の前日に開くこともあります。

・ディナー（dinner）：着席でフルコースのディナーパーティーです。レセプションよりもフォーマルなもので、参加者も首長などに限られることがあります。ディナー中には、講演やパフォーマンスが行われることもあります。

・サイドイベント（side event）：メインの会議と関連付けて、主催者以外が開催するイベントなど。

・視察（site visit）：国際会議の間には、開催都市の現場を視察するプログラムが組まれることも一般的です。会議の期間中に組み込まれることも、会議の閉会式の翌日に組まれることもあります。現地で先進的な取組を行っている施設や、著名な観光地を訪問します。

・集合写真撮影（photo session）：参加者（特に首長など、参加団体の代表者）が集合し、会議の記念写真を撮るものです。プレスを入れて大々的に行うこともあります。

・閉会式（closing ceremony）：会議の最後に行われる式典で、閉会の挨拶などが述べられます。

・送別レセプション（farewell reception）：国際会議最終日の夕方や夜などに開催されるレセプションです。最終日が午前までの場合には、その前日に行われることもあります。

（2）日程作成

　一例として、次の表のような日程が考えられます。講演やパネルディスカッション、分科会などでは、各講演者の話が長引くことも想定されるため、休憩時間や質疑応答の時間を長めにとっておいて遅れたスケジュールを調整できるようにするなど、工夫が求められます。特に、海外からの講演者は会議の場をPRの機会として遠路はるばる参加していますから、話が長引く人もいます。できるだけ時間内におさめてもらうため、登壇者に時間を伝える方法を考えておきます。

　会議のメインである講演などの間にある休憩やランチなどは、参加者同士の交流の機会としてもらいます。ウェブ会議なども盛んになった今日、単なる講義の聴講や討論だけであれば、ネット配信で世界のどこからでも参加可能です。海外から来日する参加者は、主催者側や他の参加者との意見交換や関係構築も期待して参加しますから、こうした休憩や食事の時間も重要な要素です。

以下は日程表の例ですが、簡略化した日程に加え、各講演の講演者なども載せた詳細なスケジュールを作成します。参加者募集の段階や、参加者の来日前にも日程表を共有することで、参加者が来日スケジュールを立てやすいようにします。講演者などは直前にならないと決まらないこともありますが、その場合には、「未定」や「調整中」（英語では "TBD（To be determined)" や "TBC（To be confirmed)"）などとしておき、確定した時点で更新します。

表　国際会議の全体日程例

1日目		2日目	
午前	開会挨拶（開催都市首長等）	午前	朝食会合
	挨拶（関係団体代表者等）		講演
	基調講演		休憩（ティーブレイク）
	休憩（ティーブレイク）		パネルディスカッション
	講演	昼	昼食休憩
昼	昼食休憩	午後	現場視察
午後	パネルディスカッション		閉会レセプション
	休憩（ティーブレイク）		
	分科会		
	レセプション		

表　詳細な日程表例

日	時間	内容	講演者	会場
7月9日	10:00-10:10	開会挨拶①	A市長	2階大会議場
	10:10-10:20	開会挨拶②	○○会長	
	10:20-10:40	基調講演	○○教授	
	10:40-11:20	セッション1	調整中	
…	…	…	…	…

（3）国際会議のサブ

　国際会議を開催することが決まったら、全体の日程、会議の内容、規模、形式、参加者などを決定していきます。

登壇者の決定

　会議の内容が決まったら、テーマに合わせて、基調講演者やパネルディスカッションのパネリストなどを決定し、依頼します。特徴的な取組を行う都市の首長や幹部、大学教授などに講演やパネリストを依頼するのが一般的です。

プレスへの対応

　対外的にもオープンにする会議であれば、開催についてプレスに告知するとともに、ロゴやPR用のチラシやポスターなどを作成して広報をします。一般にも関心の高い内容の国際会議であれば、プレスなどからの問合せへの対応も必要となります。

コミュニケ・宣言の調整

　大規模な国際会議では議論の成果物として、コミュニケや宣言などを発出することがあります。その場合は、会議開催前に、参加都市との間で文言などの調整を行います。

（4）国際会議のロジ

会場の手配

　ウェブ開催以外で国際会議を開催する場合は、必ず開催地となる会場を準備する必要があります。会議の規模にもよりますが、ホテルの施設や国際会議場を利用することが一般的です。ホテルのボールルームや会議室等は数か月以上前から予約で埋まってしまうため、国際会議の開催が決まった段階から、早めに会場を押さえる必要があります。

宿泊場所の手配

　海外からの参加者や国内の遠方からの参加者が滞在する宿泊施設を手配します。ホテルで会議を開催する場合には、参加者が同ホテル内に宿泊できるように部屋も手配した方が良いでしょう。大規模な会議室のあるホテルは、宿泊料

が高価である場合も多く、予算の都合上、随行者が全員宿泊できない場合もあります。その場合には、近くの宿泊施設を案内するなどの配慮を要します。

　なお、宿泊代金の負担をどうするかは、会議によって異なります。登壇者などの宿泊費用は開催者側が負担すべきですが、参加者全員分の宿泊費用まで負担することはあまりありません。海外都市を招待する場合には、首長級と随行者１名までを開催者が負担する、などの基準を先に決めておく必要があります。

会場設営・動線確認

　大規模な国際会議の場合には、自治体職員だけでは会場を設営できないため、設営を業者などに委託することが一般的です。事前に、会場の配置や必要な物品、舞台転換などについて打ち合わせを行う必要があります。また、会場の手配や設営を行う際には、登壇者や参加者がどのような動きをするのか、その動線を確認する必要があります。例えば、登壇者が舞台に行く際のルートの設定や、待機場所の確保などです。

通訳の手配

　通訳の手配や類型等については後述します（第５章９）が、大規模な国際会議では同時通訳ブースを設置することが一般的です。参加者の使用言語から、需要の高い言語の通訳を委託し、参加者が無線機で聞けるようにします。無線機は入場時に配る場合や、席に置いておく場合などがありますが、誤って参加者が持って帰らないよう、退室時に回収する用意をしておきます。

ネームタグ（名札）やノベルティグッズの作成

　会場となるホテルに、国際会議参加者以外の利用者がいる場合や、視察プログラムを組む場合などでは、会議関係者かどうかを見分けられるようにしなければなりません。そのため、ネームタグを作成し、参加者等に配布します。名札には氏名や所属団体を書くほかに、会議におけるその人の役割を確認できるようにしておきます。例えば、①登壇者、②都市からの参加者、③民間企業か

らの参加者、④運営スタッフ、⑤通訳などを、それぞれネックストラップの色などで分類し、その人がどのような立場で会議に参加しているのかを見分けられるようにします。

また、会議専用のノベルティグッズを作成することもあります。よくあるのが、トートバッグなどにその国際会議のロゴを印刷したものです。参加の記念品となるだけでなく、そのトートバッグを持っているかどうかで、関係者かどうかを見分けることもできます。そのほか、ロゴ入りのペンやメモ帳などを作成・配布することもあります。

なお、これらの作成は、会議の運営などと一括して業務委託を行うこともあります。

リエゾン

国際会議の開催時には、多くのVIPに同時に対応しなければならないため、複雑なロジ業務が発生します。単に、会議を開催するだけでも会場の手配や会の運営などの対応に追われますが、国際会議の場合には文化も言葉も違う参加者ばかりなので、各参加者への手厚い配慮が欠かせません。

特に、首長級の対応をする場合には、「リエゾン」(liaison)と呼ばれる担当を付けることがあります。リエゾンはフランス語で「関係」「連絡」などの意味で、特定の参加者をエスコートし、事務局との連絡役となるものです。事務局(＝開催自治体の担当部署)との連絡を行う役目なので、職員が務めた方が円滑に進められますが、一方で海外の首長と通訳を介さずに話せる語学力が求められる上、参加者が多い場合にはリエゾンの人数も多くなるので、一部のリエゾン業務は外国語対応に長けた専門業者などに委託することもあります。また、語学の堪能な大学生や住民などがボランティアとして通訳やリエゾン業務を行うこともあります。なお、リエゾンは必ずしも一人が一参加者の専属である必要はありません。常に同行する必要がなければ、相手へのサポートが必要なときにだけ対応すれば良いので、一人で複数の参加者を担当することも可能です。

特に役職の高い人を出迎える場合などには、リエゾンは空港での出迎えも行

います。空港出迎えを行うことを事前に参加者に連絡し、空港の到着ロビー付近で待ち合わせます。

その他

　海外から多数の参加者が参加する国際会議では、予想外の事態が発生するものです。参加者も、こちらが想定したとおりに動いてくれるとは限りません。特に、こちらの予定どおりに参加者に動いてもらいたい場合には、参加団体ごとのスケジュールを作成し、事前の連絡調整やリエゾンとの対面の機会などに、「○時に、受付ロビーで待ち合わせ」など、詳細な予定を相手と一緒に確認した方が良いでしょう。緊急時の連絡もできるよう、必ず相手との連絡手段を確保しておきます。

　また、相手の行動や要望に柔軟に対応できるように、事前にケースごとの対応方法をマニュアルとしてまとめておくことで、現場での動きがスムーズに進みます。

（5）ウェブ会議の開催

　以上、海外都市などから参加者を会場に集めて開催する国際会議について述べてきました。ウェブ会議を開催する場合には、会場の確保や宿泊場所の手配、動線確認のロジがなくなり、プログラムが短くなることも多いため、負担は少なくなります。一方で、時差があるため、できる限り参加者全員に負担が少ない時間を選ぶなど、実地開催とは異なる検討事項も出てきます。

　また、ウェブ会議では、参加者同士の交流が少なくなってしまうことが課題となります。特に、海外では日本の会議よりも質疑応答が活発になることも多く、登壇者と聴講者、あるいは参加者同士の意見交換の機会が少ないと、参加者を飽きさせることになりかねません。そのため、ウェブ会議サービスのチャット機能やブレイクアウト機能などを活用しながら、質疑応答の時間を設けるなど相互のコミュニケーションを活発化させる工夫が求められます。特に、質問の募集や全体への情報共有には、チャット機能の活用が効果的です。

　ウェブ会議システムには、参加者が言語を選んで聞ける機能があるものもあります。同時通訳者を手配し、この機能を活用した同時通訳を提供することで、参加者とのコミュニケーションを円滑に進めることができます。

　コロナ禍で国際会議が軒並みウェブ開催となっている現在、オンラインとのハイブリッドという形でリアルでも国際会議が開かれることもあります。現地で参加できる登壇者はリアルで、参加できない登壇者はビデオメッセージを送付したり、ウェブ会議システムでオンライン参加したりする形式です。例えば、横浜市が招致して2020年12月に同市で開催された国際会議協会アジア・パシフィック部会（ICCA Asia Pacific Chapter Summit）は、コロナ禍における「新たなミーティングモデルの確立」をテーマとして、ハイブリッド形式で開催されました。リアルとオンラインの双方の利点を活かせるため、今後はこうした形式もさらに盛んになってくるかもしれません。

5 表敬訪問の受入れ

(1) 事前準備

　海外都市等から表敬訪問の依頼を受けて対応する場合、基本的には、相手の役職に合わせて、こちらの対応者を決定します。相手方が首長であれば、こちらも首長、局長であれば局長で対応するといった具合です。ただし、海外の役職は必ずしも日本の自治体の役職と同じものではないため、注意が必要です。また、相手方が自治体や企業ではなく、学生の研修プログラムの一環としての表敬訪問などの場合には、相手の社会的立場に関係なく首長が対応することもあります。

　対応者を決めたら、首長等の意向を確認して対応可能な日程を確認し、日程調整をしていきます。表敬訪問の場合は、短くて10分（通訳が不要の場合）、長くても30分程度（通訳が入る場合）が一般的です。相手方から時間の希望があれば、それを考慮して時間を決めます。

なお、表敬訪問の依頼があった場合でも、必ず受けなければならないというものではありません。日程調整の結果、受け入れられない場合には、丁寧に断ります。あまりにも直前の依頼であれば、調整時間がないことを理由に断っても失礼にはなりません。

　訪問の受け入れが決まったら、先方の情報を送ってもらいます。①代表者の経歴書（CVまたはBio（以下参照））、②訪問団の名簿、③使用言語（外国語の場合、通訳をどうするか）、④面会時の話題（儀礼的な訪問なので、挨拶以外に話題がないこともあります）、⑤来日全体の日程表、⑥来庁方法（車か公共交通かなど）、などを確認しておきます。

　面会を行う部屋への移動時間にもよりますが、10分前に庁舎前で待ち合わせるなど、待ち合わせの時間と場所を正確に相手の事務方に伝えておきます。

John Smith

写真

・Work Experience
2019-2020 Director, International Affairs Division, City of ○○
2016-2018 Deputy Director, Trade Division, City of △△
2012-2016 Project Leader, ABC Corporation

・Education
2010-2012 ○○ University
　　　　　MA in Economics
2006-2010 △△ University
　　　　　BA in Economics
2003-2006 ○○ High School

・Skills
Web Skills

図　CVの例

John Smith

写真

John Smith is the Director of the International Affairs Division of the City of
○○. As the head of the division, he focused on connecting the city to the
international society and established the new city network. ‥‥

図　Bioの例

Column	CVとBio

　自治体の首長等が面会を行う時は、相手方の代表者の経歴書を
送ってもらうと同時に、こちらからも先方に首長等の経歴書を送
ります。相手の経歴を理解することで、より深く会話の内容など
を考えることができます。経歴書はCV（ラテン語の"Curriculum
Vitae"の略）と呼ばれ、通常、就職活動や大学院への出願などで
使われる、学歴、資格、職歴を詳細に記したものです。レジュメ
は、CVより短く、学歴や過去の職務経験を箇条書きで記載して
あります。

　こうした経歴書と似たようなものでBio（Biography）というも
のがあります。こちらは、本の後ろに書いてある著者の略歴など
をイメージしてもらえればわかりやすいかと思いますが、その人
の経歴の中でも強調したいところを文章にしたものです。事務的
な内部資料としては通常、CVを送りますが、国際会議でパンフ
レットなどに書かれる登壇者のプロフィールとして使う場合に
はBioを使う方が自然でしょう。こうしたCVやbioには、写真が

添付されていることが一般的で、写真がない場合には、相手方から写真を求められることもあります。

（2）当日のロジ

　当日は訪問者を庁舎前で出迎えることが一般的です。相手方はこちらへの訪問の他にも視察などの予定を入れていますから、前の予定の終了時間によっては、到着時間が前後することがあります。随行者の日本での連絡先を事前に教えてもらい、当日すぐにコンタクトを取れるようにしておくことで、到着時間の変更を速やかに知ることができます。特に首長への訪問の場合、こちらも分刻みで予定が入っていて、柔軟に時間変更ができない場合があります。到着が早すぎる場合には、庁舎内を案内したり、控室で地域の特色をお話ししたりするなど、相手が飽きずに待てる工夫が必要です。到着が遅れる場合には、訪問時間を短縮しますが、双方の予定に余裕があれば、時間を後ろ倒しにしても良いでしょう。

　庁舎前で訪問者を出迎えたら、面会を行う部屋まで職員で誘導します。入室時にこちらの首長が出迎えるか、後から首長が入室するかは場合によりますが、後者の場合、面会が始まるまで幹部職員などで応対します。

　通常は、記念品の交換は面会の最後に行います。相手方との調整次第では、記念品交換のタイミングを変えたり、記念品交換を省略することもあります。短時間の表敬訪問では、通常、相手方には次の予定が入っていますので、当初の予定時間を延長することはありません。やむなく延長したい場合には、事前に相手方の了承を得る必要があります。

　面会の終了後には、職員が庁舎前まで誘導します。訪問者が車を使用する場合には、車が出るまで見送りを行うのが一般的です。

⑥ 行政視察の受入

　海外都市などから、行政視察や政策についての説明を希望されることもあります。こうした場合、相手方が求めるのは儀礼的な対応ではなく、政策的なノウハウですから、当該分野の責任者である管理職などが対応します。相手の役職が高位であるなど、丁寧な対応が求められる場合には、最初にこちらの同程度の役職者が挨拶を行ってから視察・説明に入るのも良いでしょう。

　現場視察を伴わない口頭での説明であれば、一つのテーマに対して通常1時間程度の時間を割くことになりますが、一方的に話すのではなく、質疑応答の時間を設けるようにします。逐次通訳を介する場合は、説明にかかる時間が倍になるため、説明を簡略化するなどの対応が求められます。

　国の大臣など特に高位の役職者を対応する際には、大使館員などが事前に下見に来て効率的な動線や化粧室の場所を確認することもあります。また、相手が健康上の都合により長時間歩けない場合や、車椅子の場合には相手の負担の少ない視察ルートを設定します。

⑦ レセプションの開催

(1) レセプションの運営

　賓客をもてなすためによく開催されるのが立食のレセプションパーティーです。晩餐会のようにフォーマルになりすぎず、立食のため参加者も特定の参加者以外とも幅広く交流することができます。また、フルコースを提供する晩餐会と比べ、主催者側の費用も大幅に抑えられます。自分で食べ物を選べるため、好き嫌いや宗教・信条上の理由から食べられないものがある人でも、参加しやすい形式です。

　自治体でも国際会議の開催時や訪問団の受入時などにレセプションを開催す

ることがありますが、会場費などの費用をかけて開催するものなので、自治体
のPRにつなげるなどの取組を行った方が良いでしょう。

　例えば、2019年に第7回アフリカ開発会議（TICAD7）の歓迎のために開催
された「総理・横浜市長共催歓迎レセプション」では、歌唱や和太鼓の演奏が
行われています。参加者に振る舞う食材にも神奈川県産の食材に加え、福島県、
宮城県、岩手県などの被災地産食材が使用されるなど、地域や日本のPRにつな
げる工夫がなされています。参加者側としても他の国のレセプションと異なる
体験ができるため、こうした工夫を積極的に取り入れていくことが求められま
す。

　また、海外での観光PRや地域産品の輸出拡大のため、海外都市でレセプショ
ンを開催して、現地の旅行業界、食品業界、メディア関係者などを招いている
自治体や、外務省と連携し、在外公館や飯倉公館など外務省の施設で外国人向
けのレセプションを開催している自治体もあります。

レセプションの次第

　日本の自治体が主催する立食レセプションは主に、①開場、②開会挨拶（主
催者）、③乾杯挨拶（主催者、来賓等）、④歓談,（⑤出し物、⑥閉会挨拶（主催
者等））から成り立ちます。ただし、国によっては開会や閉会の挨拶が設けられ
ず、最初から最後まで参加することを前提としない場合があります。

　開場時にレシービングラインを作ることがあります。パーティー会場の入口
付近に主催者や主賓が並んで立ち、招待客を迎えるものです。必ず行わなけれ
ばならないものではありませんが、主催者が参加者全員に直接挨拶をしたい場
合や、主賓を紹介したい場合などに行われます。

　開場しても人が集まるには時間がかかるため、開場から開会挨拶までは時間
に余裕を持たせる必要があります。開会挨拶までは食事は振る舞わずに、入場
時にウェルカムドリンクを参加者に振る舞うのが一般的です。乾杯挨拶時には、
すでにグラスが空いている人もいますので、そうした方にドリンクを配り直し
て乾杯挨拶をします。なお、乾杯は、グラスを上にあげるだけで、合わせない

のがマナーです。

　食事はビュッフェ形式でボリュームある料理を出す場合と簡単なオードブルのみ提供する場合がありますが、ビュッフェのようにあらかじめ会場に料理を置いておく場合、主催者挨拶と乾杯が終わるまで食事に手をつけて欲しくないのであれば、蓋やラップをかぶせておくようにします。なお、日本ではビュッフェ形式が多いですが、欧米では手や楊枝でつまむ程度の量の料理しか出さないことも多くなっています。

　参加者は、レセプションの最初から最後までいる必要はなく、主催者の挨拶が終わると、都合の良いときに辞去します。そのため、レセプションを開催するときには、全ての参加者が最後までいることを前提とせずに、途中で帰る参加者にもお土産を渡したり、預かったコートや荷物を返したりなどの対応できるような体制を取る必要があります。

　日本の行事であれば、昼と夜で服装を変えることはほとんどありませんが、海外からの賓客を招いた夜のイベントなどでは、着替えをしたい参加者もいます。国際会議後のレセプションであれば、会議終了からレセプションの開催までに、参加者がホテルの部屋に戻って着替え、一服する時間を設けるなどの配慮が求められます。

　レセプションは、招待された人が参加するものですが、ときには参加者が家族など、招待されていない人を連れてくることもあります。こうした場合の対応も事前に考えておき、当日にスタッフが対応できるようQA集を作成しておいた方が円滑な運営につながります。

　また、レセプションの招待状には、出席と返事をしていても、当日は無断で欠席するという参加者も珍しくありません。招待を受けたら参加と回答するのが礼儀というその国の文化的な背景による場合もあるようですが、主催者側としては実際の参加者数を事前に正確に知ることが困難となります。例年開催しているレセプションであれば、前年度の参加率等を参考に予測することもできますが、いずれにしても正確な予測はできないため、多少の減少を見込んで対応することが重要です。

Column	肉を出さないレセプション

　イスラム圏の人々へのハラール対応のため豚肉を出さないことや、ベジタリアン、ビーガンなどへの対応として肉を使わない料理を用意することはありますが（第8章参照）、様々な文化の人が集まるレセプションでは通常、全く肉料理を出さないということはありません。

　しかし、2019年にコペンハーゲン市内で開催されたC40世界市長サミットのレセプションでは、肉を材料としない料理が振る舞われました。これは、参加者への配慮からではなく、肉食文化への問題提起を行うためです。

　近年、牛を始めとする家畜の生産にかかるエネルギーなどが問題視されています。そのため、同サミットでは、植物材料の食事を増やすことなどを盛り込んだ「C40グッドフード都市宣言」（C40 Good Food Cities Declaration）が発出されました。

　レセプションは、地元の料理学校に通う子供がボランティアで料理を配りながら、環境負担の少ない料理の概要を説明するという取組などにより、参加者にその重要性をアピールする絶好の機会となりました。

　レセプションの場は自治体の文化発信の場として活用するだけでなく、このような問題提起を行うなど、様々なアレンジが考えられます。

（2）食を使った地域のPR

　国際会議の形態の一つである「シンポジウム」の語源は、「sum（一緒に）」「pinein（飲む）」です。プラトンの名著『饗宴』（The Symposium）では、ソクラテスたちが酒宴で討論する姿が描かれており、こうしたイメージが英語の

"Symposium" の語源になりました。今日でも、リアルでの国際会議の開催には飲食の提供が欠かせません。

特に国レベルの外交においては、交渉を上手く進めるためにも、要人に何をふるまうかということが重要な問題となります。Ｇ７サミットなどの重要な国際会議では、一食ごとにメニューが熟慮されています。

税金を使う以上、自治体レベルで豪華な飲食を提供することは困難ですが、限られた予算の中で地域の魅力を最大限にPRできるよう、メニューや食材を考える必要があります。特に、地域の郷土料理や地元の農産物を使った料理を振る舞うことで、参加者に地域の魅力を満喫してもらい、地域産品のPRの機会としても活用することができます。

その他、会場内に地域産品のPRブースを設けて、生産者などが参加者に商品を紹介できる場を作っても良いでしょう。

(3) ユニークベニュー

レセプションを特徴的な会場で開催することで、地域の文化などの魅力をPRすることもあります。ニューヨーク市主催の会議ではアメリカ自然史博物館、ブエノスアイレス市主催の会議ではコロン劇場など、その都市が誇る名所でレセプションが開催されたことがあります。その都市ならではの特徴的な会場を「ユニークベニュー」（unique venues）と言い、国内自治体でも、自治体が保有する美術館や民間の施設を会議やレセプションの会場として利用してもらうよう売り出しています。例えば、岡山県岡山市では、日本三名園の後楽園や岡山城の天守閣、寺院などをレセプション会場として活用しています。

ユニークベニューを活用してレセプションなどを開催することで、海外の参加者により地域の魅力を楽しんでいただけますが、使われる施設は元々が会議やレセプション用に設計されたものでないため、レイアウト、借り上げ費、ケータリング、動線、アクセスなどが通常よりも煩雑になり、考慮すべき事項は多くなります。そのため、現場の下見や関係者との打ち合わせを十分に行っておく必要があります。

8 サブスタンスの準備

(1) プレゼンテーション資料の作成

　国際会議などの場や、海外都市からの訪問団への説明の場で、自治体の代表者がプレゼンテーションを行うことがあります。条件によりますが、スクリーンが使える会場であれば、スライドや動画を使用するのも効果的です。この場合、英語など、相手方の読める言語を用いることは当然ですが、スライドの構成も日本とは異なるため注意が必要です。

　日本の行政機関が説明に使うスライドは、1枚に情報が盛り込まれすぎていることが多くあります。情報を漏れなく説明したいという事情もありますし、たいていの場合、スライドが印刷・配布されるので、参加者が後で読み直して勉強するのには優れた資料にもなります。しかし、こうしたスライドの問題点は、要点が即座にわからないことです。事務担当者向けの説明会で使うようなスライドでは、参加者がすぐに飽きてしまいます。

　アメリカの大企業が新製品をメディア向けに発表するときに、様々な工夫を凝らして、プレゼンテーションを洗練させ、画面の向こうの聴衆の気を引き付けていることは知られています。自治体の施策説明などで、そこまで洗練されたプレゼンテーションを求められるわけではありませんが、文字が多く、雑多な印象のスライドでは参加者の関心を引くことができません。スライドには本当に伝えたい内容を端的に書く、または写真のイメージだけ出して、具体的な内容は口頭で説明するなど、工夫が求められます。

　長いプレゼンテーションでは論理構成にも注意が必要です。日本では「起承転結」のような構成が好まれる場合もありますが、「転」を入れるのはあまり論理的な構成とは言えません。プレゼンテーションの構成としては例えば、導入（Introduction）、本題（Body）、結語（Closing）の3段構成が使われます。本題が長くなる場合には、論点を3つ程度に分けて説明するなど、工夫が求められます。

　論理構成としてはPREP法（Point：結論、Reason：理由、Example：具体例、Point：結論）や、SDS法（Summary：概要、Details：詳細、Summary：まとめ）などという構成も使われます。ストーリーを語ることでプレゼンテーションを印象的なものにすることもよく行われます。

　スライドなどの資料を用いずにスピーチを行う場合も、基本的にはプレゼンテーションと構成は同じですが、視覚的な情報がない分、わかりやすい言葉を使う必要があります。

Column | **TED Conference**

　英語のプレゼンテーションを行う講演会では"TED Conference"というものが有名です。毎年、カナダのバンクーバーで5日間にわたって様々な分野で活躍する講演者がプレゼンテーションを行うものですが、これと同じ形式のTEDが様々な地域で開催されています。日本でもTEDは東京や京都などの各地域や大学で開催されています。プレゼンターは聴衆を惹きつけるために工夫を凝らした発表をしていて、ウェブ上で簡単に閲覧することができますので、効果的なプレゼンテーションを行う際の参考とすることができます。

（2）挨拶文の作成

　海外都市との共催イベントなどで自治体の代表者が挨拶を述べる場合や、国際会議などでスピーチを行う場合、事前に原稿を作成します。挨拶文の構成は自由ですが、プレゼンテーションと同様、①導入、②本題、③結語の三段構成が考えられます。また、導入の前には、謝辞が含まれることも一般的です。

①謝辞・導入

　招待してくれた主催者への感謝、同席する政府高官などへの感謝を述べます。それぞれの氏名を呼ぶときには、プロトコールの「呼称」（第4章4 (3) 参照）に従って、「Your Excellency（Mr./Ms.）フルネーム」などとしますし、その他、個別に氏名は出さないまでも感謝を述べたい場合には、複数のExcellencyのポジションの人がいる場合には "Excellencies" と言い、その他は "distinguished" を使って "Distinguished Audience" などとします。「Your Excellency 氏名（役職），Mayor 氏名, and distinguished guests and participants」などとして挨拶を始めます。個々人の名前を呼ばないで、"(Mr./Ms.) Mayor, Councillors, distinguished guests" などとすることもあります。また、紹介してくれた司会への感謝の言葉を述べることもあります。

　挨拶の最初に、その土地の先住民への敬意の言葉を添えるオーストラリアや、マオリ語での挨拶を添えるニュージーランドなど、国によって特別な謝辞・導入が行われることもあります。これらを日本人が行わなかったからといって、大きな問題に発展することは少ないですが、心配があれば相手方に事前に原稿を送って、確認してもらっても良いでしょう。

　また、導入として、簡単に自己紹介を行ったりもしますが、司会から紹介を受けて発表する場合には、自分の名前を繰り返さずに、司会に謝意を述べてから挨拶を始めます。挨拶が長くなる場合には、参加者の関心を引くためのアイスブレイクを入れることも効果的です。

②本題

　イベントのテーマに沿って、挨拶の中心となる内容を述べます。例えば姉妹都市との記念イベントの挨拶であれば、姉妹都市関係締結に至った経緯、これまでの交流で得られた成果などについて述べます。

③結語

　挨拶の締めくくりとして、結語を述べます。プレゼンテーションと異なり、

挨拶は３〜10分程度のものが多いので、全体の内容を要約する必要はありません。

　バイラテラルの場合には、挨拶の中で相手都市の言葉を使うことも有効です。海外都市の首長が日本に来て挨拶を述べる際に、片言でも日本語で「こんにちは」や「ありがとう」と伝えれば、良い印象を持つ人がいます。英語であれば共通語のような扱いですので、あまり効果はないかもしれませんが、相手都市が英語圏でないときに、挨拶の本文が日本語や英語であったとしても、挨拶者が自ら相手の言語を使うことで、効果的に相手に印象付けることができます。

　また、原稿を完全に暗記して挨拶をする場合もありますが、原稿を読みながら話す場合や、念のため手元に原稿を持って入ることも多くあります。この場合、原稿を読みやすくするため、通常の文書よりも文字を大きめにしたり、片面印刷にしたりしますが、あくまで手持ちの原稿なので規定の様式などはありません。実際に読む人の好みに合わせて、読みやすい文字の大きさやフォントなどを採用していけば良いでしょう。

　原稿を読む場合、手元に紙を用意するのではなく、プロンプターという原稿映写機が使われることがあります。読み手だけに見えるような形で電子的に原稿を表示し、自然に話すことができることから、世界各国の首脳のスピーチなどでも頻繁に使われています。ただし、器具の準備が必要になることから、相手方や会場などの都合上使えないこともありますので、使用する場合には事前の調整が必要です。

Column	Speech, Remarks, Address

　「開会挨拶」を英訳しようとすると、"opening speech" や "opening remarks" などが訳語の候補に上ってきます。"speech" は演説や講演など、特定のテーマを説明したり、自分の意見を述べるもので、"remarks" は "speech" よりも略式で会議

の導入として簡潔に挨拶をするものや、儀礼的な挨拶に使われます。また、類語として"address"という言葉もありますが、こちらは"speech"よりもフォーマルな演説などを指して使われるものです。"opening remarks"は姉妹都市交流イベントなどの儀礼的な開会挨拶に使えます。

（3）ビデオメッセージの作成

　国際会議や海外都市のイベントに招待を受けたのに、他の公務などの事情で出席ができない場合、先方と調整の上、代わりにビデオメッセージを送ることもあります。ウェブ会議で時間が合わない場合などにも、ビデオメッセージで参加する場合があります。メッセージの内容は、通常の挨拶文の作成方法を参考として構成すれば良いですが、イベントの中でどのように活用してもらえるのか、何分程度が好ましいか、ファイル形式や送付方法などの条件を事前に主催者側と確認します。

　事前に照明や音声などを確認の上、プロンプターを使うなど、聴衆への印象が良いビデオの作成を心がけます。失敗しても撮り直すことができることができるので、複数本撮影して、最も上手く撮れたものを使っても良いでしょう。

（4）会議の発信・広報

　ウェブ会議であっても、対面での会議であっても、国際業務の成果を市民に還元するためには、会議の様子を一般に公開するのが効果的です。一般から参加者や閲覧者を募るだけでなく、YouTubeなどの動画サイトでライブ配信することで、様々な人に聴講してもらうことができます。

　また、会議やイベントを市民に知ってもらうためには、様々な広報が求められます。会議用の動画やポスターの作成、プレスリリースの発信、SNSでのフォロワーの多いインフルエンサーに発信してもらうなど、様々な広報が考えられます。

　海外都市等への広報としてもSNSは活用できます。海外でもInstagram、Twitter、FacebookなどのSNSが盛んに利用されていますが、発信したい対象の国向けにSNSを使うこともあります。中国のSNSであるWeibo（微博、ウェイボ）を使う自治体も増えていますし、北海道庁ではロシアの人向けに、ロシアのSNSであるフコンタクチェ（VKontakte）を使ってロシア語で北海道の情報を発信しています。

⑨ 通訳・翻訳

(1) 通訳の手配

　海外出張や、国際会議、海外からの訪問受入では、通訳を利用する機会が少なくありません。日本の自治体の場合、外国語がかなり流暢でない限り、公式な場では通訳を使うことが多くなっています。誤解や失礼がないようにするためにも、きちんとした通訳を使うこと自体をためらう必要はありません。特に、国内の公式行事で日本のメディアが取材に入っている場合には、通訳は必須です。

　通訳手配の方法は、通訳会社、イベント業者、旅行代理店等を通して手配する方法と、直接現地の通訳者に連絡して手配する方法があります。現地の通訳を直接手配する場合は、外務省や自治体国際化協会などに依頼して紹介してもらいます。質の高い通訳者を手配するには、日程に余裕を持って予約する必要があります。

　通訳会社や通訳者に委託する場合には、日程、料金、（延長料金）、交通費、通訳者のレベル、逐次通訳、同時通訳などの通訳の類型、支払方法などを指定して見積りを取ります。

　通訳は通常、面会や視察等の依頼側、会議の主催者側が用意をします。ただし、例えば英語が会議の言語であるときに、ある都市だけが自分の言語の通訳者を付けたい場合などには、参加都市が自らの負担でつけることもあります。

通訳の手配には、会議主催者と参加者の十分な打合せが必要となります。

（2）通訳の類型

・逐次通訳（consecutive interpreting）

　話し手の話を一区切りごとに順次通訳していくものです。話を区切って同じ話を通訳して話すため、倍近くの時間がかかりますが、より正確な通訳ができるため、ビジネスの交渉や会議の講演、視察時の解説などで多用されます。

・同時通訳（simultaneous interpreting）

　話し手の話と並行しながら、ほぼ同時に通訳をしていくものです。逐次通訳よりも通訳委託時の費用が高くなることが一般的です。逐次通訳のように、通訳の時間によって話が長引くことがないので、大規模な国際会議や長時間の会議で利用されます。会議運営時の同時通訳では３人程度の通訳者が必要になり、通訳用のブースを設置する必要もありますので注意してください。一人は外国語→日本語、もう一人は日本語→外国語、一人は待機などチームを組み、15分程度で交代しながら行います。

・ウィスパリング（ウィスパー通訳、whispered interpreting）

　通訳が必要な参加者の近くに寄り添い、耳にささやく（ウィスパー）ように通訳を行うものです。通訳者自身の声や雑音のため通訳条件が悪く、通訳者にとっての負担が大きいため、長時間の利用には適さないものです。逐次通訳よりは時間の短縮になるため、例えば外国語で説明を受けながら視察をするような場合に、首長の横にいてもらい、首長にだけ通訳をするということも想定されます。

・リレー通訳（relayed interpreting）

多くの言語を使う国際会議などで、一度共通言語（主に英語）に通訳してから、別の通訳者が複数の言語に通訳していくものです。例えば、日本語をロシア語

に通訳するときに、「日本語↔ロシア語」ではなく「日本語↔英語↔ロシア語」のように通訳するものです。

（3）通訳の留意点

視察の際の説明など、多くの人が同時に通訳を聞く必要がある場合には、無線機などを利用して内容を共有します。その際、借り上げ費用などが別に発生します。

通訳者にはそれぞれ得意な分野と不得意な分野があります。通訳者に直接相談しても良いですし、通訳者のプロフィールでは過去の通訳実績を紹介していることも多いので、類似の分野での通訳経験の有無などで適切な通訳者を選びます。通訳の精度を高めるために、提供可能な資料（日程、相手方の提供資料、発表原稿等）を事前に送って、その分野への理解を深めてもらいます。

通訳者は通常、メモを取りながら通訳をします。マイクを使う場合にはハンドマイクではなく、卓上型マイクやピンマイクなど両手が空けられるものを用意する必要があります。通訳者が立っているのであれば高めの小さなテーブルなどを用意すると親切です。

（4）翻訳

海外での発表原稿を作成する場合、自治体の刊行物を外国人向けに発表する場合など、日本語の原稿や資料を外国語に翻訳する必要が生じます。

自治体がおかしな翻訳をしていて記事やネットで話題になることがたまにありますが、こうした誤訳を避けるため、自動翻訳に頼りきらないで、翻訳能力のある人に依頼する必要があります。JETプログラムの国際交流員（CIR）や独自に雇用した外国人、日本人の翻訳専門員が翻訳をする場合や、翻訳会社等に委託する場合があります。

翻訳の場合、基本的には外国語から母国語に翻訳した方が質の高いものになります。母国語への翻訳であれば翻訳後の文章をネイティブの目線で文法的に正しいものにできますが、母国語を外国語に翻訳する場合には、語学力が足り

ない場合、翻訳後の文章が文法的に正しいかどうかも十分に判断できないためです。

　こうした問題は、翻訳会社などに外部委託をすれば問題ないと思われるかもしれませんが、翻訳会社による翻訳でも、外国語として不自然な文章になっていることは珍しいことではありません。また、翻訳能力の問題だけでなく、自治体特有の政策などの用語をどのように翻訳すれば良いかというノウハウが不足していて、不適切な翻訳を行っていることもあります。

　相手に意味が伝われば良いというだけであれば、それでも良いかもしれませんが、公式の文書として海外に発出する場合など、正確な表記が必要とされる場合には、自治体の翻訳実績の多い事業者に委託の上、成果物を入念に確認したり、何人かのネイティブチェックを受けるなど、慎重な対応が求められます。

第6章

海外との調整

1 メール、電話での調整方法

　首長から相手の首長に依頼をする場合などに、儀礼的に文書を送ることもありますが、海外都市との具体的な調整は、基本的にはメールや電話で行うことになります。

(1) メールでの調整

　海外都市との調整で、中心的なツールとなるのがメールです。時差を気にせずに連絡することができる上、時間を取って読み書きできるので、語学力に不安がある場合でも調整を行うことができます。また、やり取りが正確に記録されるため、人事異動などで後任者に引き継ぐときにも、過去の経緯を参照しやすい形で残すことができます。

　基本的には、通常のビジネス英語のメールの書き方と同様ですので、市販の書籍を参考にすれば書くことができます。「英語には敬語がない」と言われることもありますが、英語でも目上の人に対する言い回しやフォーマルな場での表現があります。例えば、I am/I wouldなどをI'm/I'dと省略するのは失礼にはあたりませんが、若干フォーマル度は下がります。正式文書の場合には短縮形は使わない方が無難です。失礼のない表現を使うためには、単に英語の文法書などを参考にするだけでなく、フォーマルな表現にも対応したビジネス向けの例文集などを使うと良いでしょう。

　特に注意が必要な点としては、以下のようなものがあります。

① 宛名の書き方

　英文メールは「Dear＋相手の名前」などとして書き始めるのが一般的ですが、ここで名ではなく、姓を書いてしまうと失礼に当たります。初対面では、姓を使って連絡を取ることが多いですが、その場合には必ず敬称（Mr.やMs.など）を付け、「Dear Mr./Ms.＋姓」とするようにしましょう。なお、相手によって

はMr.やMs.が適切でない場合もあります。詳細は第4章4を併せて確認してください。

　John Smithさんが相手であれば、"Dear Mr. Smith"、"Dear John" は良くても、"Dear Smith" は誤りということです。また、相手の性別がわからない場合には、"Dear John Smith" と書くこともあります。初めて連絡する相手や自分より役職が上の人には「Mr./Ms.＋姓」とした方が良いですし、特に相手が高い役職にある場合は、"Dear Mayor Smith" のように役職を書くこともあります。

　名前の後にはコンマ（,）を付け、"Dear Mr. Smith," などと書き始めるのが一般的ですが、特にフォーマルな場合でコンマの代わりにコロン（:）が使われることがあります。

　また、ビジネスシーンでも日頃やり取りをしている相手では、あまり固くならずに "Dear" の代わりに "Hello" や "Hi" を使うこともありますので、相手のトーンにも合わせながら表現を選んでください。

　組織の代表アドレスにメールする場合など、対応者の名前がわからない場合には、"Dear Sir/Madam," などの表現が使われてきましたが、宛名をジェンダーニュートラルにするため、「Dear＋役職」や「Dear＋部署名」、"To whom it may concern,"（ご担当者様）などを使うことが多くなっています。複数名を対象とするときには "Dear All," もあるほか、"Dear Colleagues, " という言い方も複数都市のカウンターパートに呼びかける際によく使われます。

② 無駄な改行をしない

　日本語のメールでは、読みやすくするために一文の途中で改行することがあります。しかし、英語のメールでは通常、文の途中で改行することはありません。同じ話題の場合には改行せずに、複数の文をつなげていきます。改行を多用してしまうと、相手に読みにくいメールになってしまいかねないので、気を付けましょう。

③ 内容は簡潔かつ明確に

　日本語のメールでは、挨拶や近況報告などで前置きが長くなりがちですが、英文メールでは内容を簡潔に書くことが一般的です。回りくどい表現などを避け、相手がすぐにメールの目的を理解できるようにします。

　英語でのやり取りの仕方を学ぶ上で参考になるものとして、例えば、ビジネス・コミュニケーションの7つのC（clarity, completeness, courtesy, correctness, conciseness, consideration, concreteness）というものがあります。具体的には、次のとおりです。

・clarity（明確性）：誤解を招くような表現は避け、一通りにしか解釈できないような表現をします。また、専門用語の使用を避けるなど、相手にわかりやすい表現を使います。
・completeness（完全性）：相手へのメッセージを完全なものにし、相手が理解するために必要な全ての内容を盛り込みます。
・courtesy（品格）：TPOに合った英語や相手に失礼のない表現を使います。
・correctness（正確性）：情報を的確につかんで、こちらの考えを相手に正確に伝えるようにします。
・conciseness（簡潔性）：長い文にせず、できるだけ短い文で表現するなど、相手に負担の少ない形で伝えます。
・consideration（気配り）：相手の立場を考えて伝える気配りです。
・concreteness（具体性）：日本人同士では伝わることでも、文化の違う海外では正確に伝わらないことがあります。できるだけ具体的に書き、文意を正確に伝えられるようにします。

　メールでアポイントメントの時間を伝える場合などにも、わかりやすさを重視します。海外出張の場合は、相手国に合わせて時間を設定しますが、電話やビデオ会議で「15時から開始」と相手に伝えた場合では、どこの時間での15時なのかわかりません。日本時間のJST（Japan Standard Time）なのか、ヨー

ロッパのCET（Central European Time）なのか、協定世界時（Coordinated Universal Time）なのか。面積の大きい国では、国内でも時差があり、例えばアメリカでは東部のEST（Eastern Standard Time）、中部のCST（Central Standard Time）、山岳部のMST（Mountain Standard Time）、太平洋沿岸のPST（Pacific Standard Time）、ハワイのHST（Hawaii-Aleutian Standard Time）などがあります。このため、どこの時間かを明確に示して、誤解のないようにします。

　何か回答をもらう際に、日付で期限を定める場合にも、時差が関係してきます。例えば、日本時間はハワイの時間よりも19時間進んでいます。8月1日を期限とした場合でも、日本の8月2日19時まではハワイでは8月1日ですので、日本で期限翌日になっていてもなかなか回答が来ないことも想定されます。また、国や地域によってはサマータイムが設けられており、時期によって時差が変わることも注意を要します。

Column ｜ **日本の気候は本当に「四季」か**

　日本の特徴を説明するときに、「日本には四季がある」と言われることがあります。これは確かに誤りではありませんが、日本の気候を外国人に正確に伝えるのは、実は単純なことではありません。そもそも、多くの国に四季がある中、日本の四季がなぜ特徴的なのかということを説明する必要があります。そして、日本の気候は本当に「四季」だけか、ということです。言うまでもなく、四季は春夏秋冬のことを指します。日本では梅雨がありながらも、それが四季の中に溶け込んでいますが、日本の気候を正確に伝えるために、"four clear-cut seasons with a rainy season"（はっきりした四季と梅雨）などの表現を使った方が良いこともあります。相手に情報を正確に伝える上では、相手の立場や、客

観的に見たこちらの状況などを把握していくことが求められます。

Column ## ハイコンテクストとローコンテクスト

　伝えようとしていても、相手に上手く伝わらない。相手から言われた言葉が、直接的で傷つく。外国人とのやり取りをしていると、こうしたことがあるかもしれません。個人的な問題もないとは言えませんが、これは文化的な背景によるものと考えられます。

　ノースウェスタン大学名誉教授のエドワード・T・ホール氏が唱えた概念に、「ハイコンテクスト文化」と「ローコンテクスト文化」というものがあります。「コンテクスト」とは「背景」や「文脈」という意味ですが、言外の文化や価値観、慣習などのことです。言外の意味が重要な役割を持つのがハイコンテクスト文化ですが、その最たる文化が日本です。日本では、コミュニケーションにおいて「空気を読む」ということが求められます。しかし、ローコンテクスト文化では、日本ほどに空気は読みませんので、直接的に言わないと相手に上手く伝わりません。英語は話し手責任の言葉であるのに対し、日本語は聞き手責任の言葉であると言われることもあります。

　ビジネススクール・INSEAD教授のエリン・メイヤー氏は、各国のコンテクスト文化について下図のように分類しています。こうした分類には様々なものがありますし、個人の性格によっても変わるものなので、一概に言うことはできませんが、日本はハイコンテクスト文化の最たる例と考えられていますので、ローコンテクスト文化の国との調整では誤解が発生しやすいことに留意した上で、明確にこちらの意見を伝えていくことが求められます。

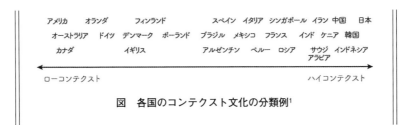

図　各国のコンテクスト文化の分類例[1]

④ 結語を書く

　英文メールの結びでは、通常、日本語の「敬具」に当たる結語を書きます。相手との関係や、相手の国、メールがどれくらいフォーマルかなどによって使い分けますが、例えば次のようなものがあります。

・フォーマルな場合：Sincerely yours，Yours sincerely，Sincerely など
・フォーマル度が低い場合：Kind regards，Best regards，Best wishes など

　短いメールなどでは、いちいち結語を書いていると大げさにも見えるため、"Thank you" と書くこともあります。何かお願いをする場合には、"Thank you in advance" という表現もありますが、これは相手が協力してくれる前提での表現であり、先にThank youというのは押し付けるようで失礼だともされています。

⑤ 自分の敬称がわかるようにする

　こちらからメールを送るときに相手の敬称を書くのと同様に、相手方もこちらの敬称の情報が必要となることがあります。日本人の名前は海外の人には性別がわかりにくいものですから、こちらから敬称を示してあげると親切です。

1　エリン・メイヤー『異文化理解力　相手と自分の真意がわかるビジネスパーソン必須の教養』田岡恵監訳、樋口武志訳、英治出版、59頁

"YAMADA Taro（Mr.）" などと書くことで、自分の敬称を相手に伝えることができます。特に、国際会議の参加者や、相手都市への訪問者として自分の名前を登録してもらう場合には、敬称まで含めて名前を登録することが多いので、このように自分の名前の横に敬称を書くことで、相手に正しい情報を伝えるようにします。

⑥ 時差を考慮する

　メールの良いところは、時差に関係なく相手と連絡を取ることができることです。しかし、時差が大きい場合には、自分と相手との勤務時間が全く重ならないため、実質的に一日一往復しか連絡をすることができないこともあります。

　急ぎで対応してもらいたい場合には、例えば、ロサンゼルスとの調整であれば日本時間の朝10時までにメールを送れば現地の17時（サマータイムの場合は18時）前なので対応してもらえることもあるかもしれません。調整日数が少ない場合など、相手からの早期の返信を期待する場合には、時差を考慮して送信した方が良いでしょう。

　メールは会話のように即座に理解しなくても良いため、辞書などを利用しながら時間をかけて読むことができますが、英語力がどうしても追いつかずに、自動翻訳ツールなどに頼ってしまうこともあるでしょう。近年はこうしたツールの精度が上がっているため、英文の大まかな内容を理解することはできますし、日本語を英語に翻訳するのでも最低限、意味だけ伝えることができるかもしれません。ただし、注意が必要なのが、英語と日本語の単語は一対一対応でないということです。

　例えば、日本語のメールではよく、「よろしくお願いします」と書きます。しかし、正確なシチュエーションがわからなければ、これをどう訳して良いのかわかりません。初めて会ったときの挨拶（Nice to meet you）なのか、協力の依頼（Thank you for your cooperation）なのか、単にメールの結び（Best regards）なのか、使われている状況を機械が把握し、正しく翻訳するのは困難

です。そのため、こうした場合にも、翻訳ツールで英訳した文をもう一度今度は和訳にかけてみて、大幅に意味が異なる部分がないかを確認するなど、慎重な対応が求められます。精度が上がっているとはいえ、まだまだ実務で頼り切ることはできません。

　メールの難点は、相手が即座に対応してくれないことがあることです。後回しにしたまま忘れられていることや、そもそもメールが読まれないこともあります。こちらが出したメールに返信がない時は、1週間程度（急ぎの場合はもう少し短く）様子を見て、相手に督促のメールを送っても良いでしょう。ただし、頻繁に送りすぎると印象を悪くすることもありますので、適度な督促に留める必要があります。

（2）電話での調整

　電話で調整する場合にも、基本的には "May I speak to 〜 ?" や "How can I help you?" など、通常のビジネス英語の電話のかけ方や受け方の言い回しを用いれば問題ありません。ただし、よほど英語力に自信がない限りは、電話での調整はできるだけ避けた方が良いでしょう。相手の言っていることを正確に聞き取れなければ、誤った回答をしてしまうかもしれませんし、上司や同僚にも間違った情報を伝えることになります。

　そうとはいえ、海外から電話がかかってくる場合もあるでしょう。そうした際にも、できるだけメールで依頼の概要等を送ってもらうべきです。正確な内容を上司や同僚と共有して、対応を検討することができますし、英語がほとんどできない場合でも自動翻訳のツールを使えば大まかな意味を理解することができます。

　自分のメールアドレスを伝えるときに役立つのが、「フォネティックコード」（Phonetic Code、通話表）です。電話口でメールアドレスを伝えるとき、日本人相手でもアドレスが「m」なのか「n」なのか混同することがあるでしょう。英語の場合、「v」の発音などは、普段から英語を話していないと正確に伝えられませんので、スペルを伝えるのは特に困難です。

そこで、「VictorのV」というように聞き間違いのないように説明します。英語では、"v for Victor" または "v as in Victor" などと表現します。

表は、日本の総務省令無線局運用規則などでも準用されているNATOのフォネティックコードです。フォネティックコードはこれにこだわらずに、状況に応じて相手に伝わりやすいものを使用すれば良いでしょう。国名や人名、誰もがわかるような簡単な単語を使うことが多く、例えば、"a" ならば "America" や "Apple" などと言っても良いです。"Taro" であれば、"T for Tokyo, A for America, R for Rome, O for Osaka" などと説明することも考えられます。

唐突に電話がかかってきても対応できるように、自分のメールアドレスを説明できるようにしておくと良いでしょう。なお、アンダーバーは "underscore"、"@" は "at (sign)"、"." は "dot" などと言います。

表　NATOのフォネティックコード

アルファベット	フォネティックコード
A	Alfa/Alpha
B	Bravo
C	Charlie
D	Delta
E	Echo
F	Foxtrot
G	Golf
H	Hotel
I	India
J	Juliett
K	Kilo
L	Lima
M	Mike
N	November
O	Oscar
P	Papa
Q	Quebec
R	Romeo
S	Sierra
T	Tango
U	Uniform
V	Victor
W	Whiskey
X	X-ray
Y	Yankee
Z	Zulu

② 文書の送付

首長から海外都市の首長に面会の依頼をするときや、イベント等に招待するとき、相手の就任祝いをするとき、面会のお礼を述べるときなど、フォーマルな連絡には、メールでなく文書（手紙）を送付することが一般的です。手紙を発出する主なシチュエーションとしては以下のものがあります。

・イベントなどへの招待：海外都市の首長や幹部をイベントに招待する際に、招待状を送るものです。
・協力依頼：姉妹都市提携や都市間ネットワークへの加盟などへの協力依頼をする際に送るものです。フォーマルな依頼であるため、文書を送付の上、具体的な内容を調整していくことが多いです。
・面会などの依頼：相手都市を訪問し、首長への表敬訪問を行う際などに送るものです。ただし、今日ではメールだけでアポイントメントを取ることも多いため、必ずしも送らなければならないわけではありません。
・就任祝い：姉妹都市など日常的に関係のある海外都市で、首長が新たに就任したり、再任したりした場合に、祝意を表すために送るものです。
・お悔み：姉妹都市など日常的に関係のある海外都市で、首長が亡くなられた場合や自然災害などで市民に多数の死者が出た場合などに、弔意を示すものです。
・グリーティングカード：日本の年賀状のような扱いと考えれば良いでしょう。通常のＡ４の用紙ではなく、グリーティングカード用の様式を用意します。地域の観光名所をデザインしたカードを使うなど、地域の特徴をPRできる機会でもあります。最近は、このような季節の挨拶をメールで送る人も増えています。
・面会などへのお礼：相手都市の首長などと面会した場合、相手都市主催のイベントに参加した場合などにお礼を伝えるものです。

　外国語で書いた文書を発出することもありますが、首長が発出する文書のように公文書として重要なものは、海外宛てであっても日本語で書くことが一般的です。その場合、参考の英訳として "courtesy translation" を付けることで、相手に内容を伝えます。"courtesy translation" はあくまで参考ですので、万が一誤訳があったとしても、文書として効力を持つのは原文の日本語となります。
　また、海外に送る文書には、通常、レターヘッドの付いた用紙を使います。

レターヘッドは、用紙の上部に組織のシンボルマークや組織名などを記載したものです。海外都市や海外の会社が組織として公式の文書を出す場合には、このレターヘッド付きの用紙を使うことが慣例となっています。

　レターヘッドはあくまで1枚目の用紙に使うものです。簡単な祝辞や招待であれば内容を1ページに収めた方がスマートですが、内容が多くてどうしても2ページ以上にわたってしまう場合には、1枚目とは違う用紙を使います。1枚目と同じ紙質でレターヘッドが印刷されていないものや、ロゴなどが1枚目よりも小さく印刷されているものを使うのが一般的です。

　作成した手紙は封筒に入れて送付します。封筒の宛名は一例として、以下のように書くことができます。

　TO: Mr.（敬称）John（名）Smith（姓）
　　　Director（役職名），International Affairs Division（部署名）
　　　City of ○○（組織名）

　5 F（階），○○ Building（建物名）
　123（番地），○○ Street（道路），○○（市）
　○○（州），1234（郵便番号），○○（国）

　"Avenue" は "Ave."、"Road" は "Rd."、"Street" は "St." などと単語を省略して書くことや、州名などは "California" を "CA" とするなど、省略して書くことも一般的です。また、相手方の住所として "P. O. Box（番号）" と書いてあることもありますが、これは郵便局の私書箱のことになります。

　なお、送付する際には、相手の敬称に誤りのないように注意します（第4章4参照）。
　手紙等の公文書を発出した際には、スキャンした写しを相手方の担当者など

にメールで送付しておくと、相手が事前にその内容を把握できるため、調整がスムーズに行えることがあります。

　イベントやレセプションに招待する場合はカードを用いることもあります[2]。相手の出欠連絡を求める際には、"R.S.V.P"という言葉も使われます。フランス語の"Répondez s'il vous plait"（ご返信お願いします）の略です。欠席の場合だけ返信が欲しい場合には、"Regret only"と書きますが、これだと正確な人数を把握しにくいため注意が必要です。
　相手の日程を確実に確保したい場合などには、早めに相手の都合を確認する必要がありますので、正式な文書を送る前にメールなどで日程だけ伝えておきます。この場合、"Save the date"と書き、先に日程を空けておいてもらうようお願いします。事前連絡によって、すでに出欠の回答をもらっている場合には、"R.S.V.P."として再度回答を促すのは失礼ですので、"p.m."（pour mémoire）、"To remind"（確認のため）などを用います。

③ ウェブ会議、電話会議、その他の連絡調整

　アメリカでは、以前から日常的に打ち合わせに電話会議（phone meetingやtelephone conferenceなどという）が行われてきました。
　近年、ウェブ会議サービスが普及したことにより、これらを使って海外と打ち合わせを行うことも珍しくなくなりました。遠隔地でも相手の顔を見ながら話すことや、資料を共有しながら説明することができるため、今後の国際交流の重要なツールの一つとして、更に活用が進むものと思われます。
　ZoomやWebex、Microsoft Teamsなどウェブ会議ツールを使った会議（teleconference、video conference、online meetingなどという）が急速に普

2　特に、レセプションへの招待ではカードが好まれます。

及しています。新型コロナウイルスが終息しても、これらのサービスを使った調整の提案を受けることが想定されます。しかし、時差の関係で日本時間の夜中になってしまったり、言葉の問題があったりすることもあるでしょう。そのような場合は、「ウェブ会議（または電話会議）は、私たちにとってあまり都合が良くないので、メールで行いたい」と要望を伝えても良いでしょう。

　これらの方法以外に、近年では日本で広く普及しているLINEのようなコミュニケーションアプリを使って連絡調整を行うことが増えています。所属でスマートフォンを購入するか、借り上げない限り、私用のアカウントを使うことになるため推奨はできませんが、欧米で幅広く利用されているWhatsAppや、中国のWeChatなど、気軽な連絡にはメールよりもアプリが好まれることもあります。特に、来日中の海外都市からの訪問団に連絡を取る際などには、緊急の連絡などを行うこともあるため、メールよりもこうしたアプリの方が実用的です。

第7章

調整における
注意点

海外都市と実際に調整するに当たっては、海外の行政制度や慣習を理解しなければ、思わぬトラブルにも発展しかねません。そこで、特に注意の必要な違いについて説明します。

1 首長は一元代表制か二元代表制か

　日本の自治体では、首長と議員を別々に住民の直接選挙で選ぶ「二元代表制」が採用されています。そのため、首長は議員とは異なるという前提で考えてしまいがちです。しかし、海外都市では、首長が議員の中から選ばれる「一元代表制」の行政制度を採用しているところも少なくありません。日本の内閣総理大臣が国会議員の中から選ばれるように、地方議会議員の中から互選などによって首長が選ばれるのです。

　例えば、英国の伝統的な自治体では、議会の議長が対外的な代表としての「市長」を務めていますが、その任期は１年で、毎年選出されているため名誉職のような扱いです。政治的な実権はリーダーと呼ばれる議会の多数党の指導者が持っています。英国でも直接公選首長の制度ができたため、一部の自治体では議会とは別に公選で４年任期の首長が生まれていますが、まだ、多くの都市では従来の体制が残っています。

　また、アメリカの自治体の中でも、シティ・マネージャー制度を採用している都市では、市長の権限は儀礼的な行為や議長の役割などに限定されており、議会が選任したシティ・マネージャーが実質的な行政権を有しています。

　これらの制度は、同じ国の中であっても州や都市の規模などによって異なることがありますので、国で判断するのではなく、個別の都市の状況を調べる必要があります。また、中国のように、地方政府が中央政府の出先機関のような役割を果たしている場合には、その長が公選職でないこともあります。

　さらに、「市長」という名称が必ずしも都市のトップであるわけではありません。例えば、デンマークのコペンハーゲン市では、各委員会の議長が市長

（Mayor）の肩書を持っています。中でも、財務委員会の議長はロードメイヤー（Lord Mayor）と呼ばれ、日本の自治体の市長と同等であると考えられます。

2 副市長は行政職員か議員か

　首長だけでなく、副知事や副市長も、日本とは制度が異なることがあります。例えば、一元代表制の市長と同様に、副市長も議員の中から選ばれる場合があります。日本の場合、副市長は市の行政職員のトップですが、海外では副市長が公選職の場合があります。

　また、日本では副知事や副市長は多くても4人ですが、海外都市ではもっと多くの副市長がいることも珍しくありません。例えば、大ロンドン庁では2021年8月現在、10人の副市長がいますし、パリ市でも35人の副市長（Adjoint au maire）がいます。そのため、副市長という肩書でも、日本の副市長とは権限の範囲が異なると考えて良いでしょう。

　副知事・副市長以外でも、ロシアの州で副首相が実質的に局長の役割を果たしていたり、カナダやオーストラリアの州で議員が大臣（Minister）という役職で局のトップを務めていたりすることがあります。

3 カウンシルとは

　海外都市を相手にするとき、"City Council" という言葉を目にすることも多いでしょう。これを辞書で引くと「市議会」などと出てくるので、議会の話だと思ってしまうかもしれません。ただ、これは国によって異なるので注意が必要です。

　英国やオーストラリア、ニュージーランドなどでは、カウンシルは議会だけでなく、自治体そのものを指して使われることが一般的です。そのため、これ

らの国々の市のウェブサイトなどを調べようとして「○○ City Council」というページが出てきたら、それが市の公式ウェブサイトです。County Council、Borough Council、Town Council、Shire Councilなどの場合も同様です。

　これは、自治体の成り立ちに由来するものです。英国やフランスなどの欧州諸国では、住民代表の合議体である地方議会こそが、地方自治の中心だと考えられており、その上で、議会が行政行為を行うための執行機関を持つという構造になっています。法人格は議会に付与され、議会が持つ各種の行政権限を、議会が任命する事務総長や首席行政官（"Chief Executive"、"General Manager"などと呼ばれる）が執行するというものです。

 ## 海外都市の役職

　以上に、海外都市の市長（知事）、副市長（副知事）、議員について説明してきましたが、英語圏の海外都市のその他の役職についても、説明をしておきます。なお、これらは一例であり、国や自治体によって職名や各職位の役割は異なりますので、あくまで参考程度にしかなりません。海外都市幹部の応対をする場合には、組織図などで正確な役割を調べるようにしてください。

・Governor：州知事、州総督など。

・Vice Governor：州副知事など。

・Lieutenant Governor：アメリカの州副知事、カナダやオーストラリアの州の副総督。カナダの場合、国王（英国女王）の名代として、副総督が各州の象徴的な代理を務めます。

・Premier：カナダ、オーストラリアの州などの首相。

・Minister：州の大臣。州の各省のトップであり、日本の都道府県の局長のようなポジションですが、公選議員の中から任命されています。外交官の場合には、公使のことです。

- Member of Parliament（MP）：国会議員や州議会議員のことです。
- Lord Mayor：歴史ある都市、大都市などの市長です。市長との違いについては「第8章3 (2)」もご参照ください。
- Mayor：市長。
- Deputy/Vice Mayor：副市長。
- Acting：代理。常設の「課長代理」のようなものではなく、市長がいない場合に、暫定的に代理を務める人（Acting Mayor）など、一時的な役職に使われることが一般的です。
- President：大統領や様々な組織の会長、社長などの役職名として使われるものですが、"President of the Los Angeles City Council" など議会の役職の場合には議長になります。
- Speaker：広く「話し手」を指す言葉として使われますが、"Speaker of the New York City Council" など議会の役職の場合には議長になります。
- Chair/Chairperson：市議会議長や委員会の委員長など。
- Councilor/Councillor：市議会議員など。"Cr" のように省略して敬称に使うこともあります。Counselor（参事官）とは異なるものです。
- Alderman：シティ・オブ・ロンドン（第8章3 (2) 参照）の参事会員[1]や他の都市の市議会議員など。元々は英国で市の運営などを行う参事会員のことで、現在の英国ではCouncilorなどに置き換えられましたが、一部の都市ではまだこの肩書が使われています。
- CEO（Chief Executive Officer）：副市長が議員の場合などに、議会が任命する事務方のトップの役職など。類似のものにChief Administrative Officer（CAO）、General Manager（GM）、Town Clerk等もあります。
- Secretary：秘書のイメージがありますが、政府の長官レベルまで幅広く使われます。Secretary of Stateはアメリカの国務長官ですし、California

---

[1] シティ・オブ・ロンドンには市民議会（Court of Common Council）と参事会（Court of Alderman）の2つの議会があり、参事会の会員をAldermanと言います。

Secretary of Stateのように州名が先に付けば知事、副知事に次ぐ州務長官です[2]。英国では大臣の役職名にSecretary of Stateが使われます。

- Commissioner：長官、局長、理事などで、通常は複数のDirectorの上に立つポジションです。
- Director General：長官、局長など。
- Deputy Director General：Director Generalの次のポジションで、副長官や局次長などの役職名です。
- Director：その部門の長のことを指します。日本語の部長に当たるか課長に当たるかは、部署の大きさや組織での位置づけによって判断をしますが、上級職の場合にはExecutive DirectorやSenior Directorなどという名称になっていることもあり、Directorは課長レベルであることが多いです。
- Head：部門の長。
- Manager：部門の長。
- Deputy Director：部門の長の次のポジション。日本では課長補佐などの職に当たることが多いものです。
- Assistant Director：部門の長を補佐するポジション。

　Director、Head、Managerなどは部門の長ですが、これが日本の部長に当たるのか、課長に当たるのかは一概には言うことはできません。その部門が日本の自治体の部に当たるものであれば部長、課の規模であれば課長と訳して良いでしょう。また、DirectorやManagerの前にSenior、Executive、Chiefなどが付く場合にはより上位の職級になります。

2　ただし、職の順位等は州によって異なります。

<table>
<tr><td>Column</td><td>**aとtheで異なる役職のイメージ**</td></tr>
</table>

　日本の多くの自治体でDirectorは課長などの訳語として使われています。しかし、これは部門の長なので、「Director＝課長」とだけ考えていると、誤解を与えてしまうこともあります。都道府県では、組織が局・部・課から構成されているところも多いですが、ここでは局をBureau、部をDivision、課をSectionとして、局長をDirector-General、部長をSenior Director、課長をDirectorと訳す自治体の事例で説明します。

　〇〇局の課長が、自己紹介で"I am the Director of the Bureau of 〇〇"と言ったとしましょう。この団体では課長の訳語は"Director"なので、本人は「課長」のつもりで言ったとしても、聞き手もそう捉えるとは限りません。Directorは部門の長です。役職の冠詞として"a"を使った場合には、たくさんいるDirectorのうちの一人なので、Bureau（局）の長だとは思われませんが、"the Director"と言ってしまうと、Directorは局に一人しかいないことになります。Directorの上にSenior DirectorとDirector-Generalを置いていることは他の団体の人にはわかりませんから、この課長は「私は〇〇局の局長です」と自己紹介したように聞こえてしまうのです。これが「Director＝課長」と考えてしまうことで陥りがちなミスです。"a Director of Bureau of 〇〇"や"the Director of the 〇〇 Section"のように、aとtheを使い分ける必要がありますが、このような3層構造の組織の課長以下の場合には、"a/the 役職 of Division/Section"のように、局名よりも「〇〇部の〜」「〇〇課の〜」と自己紹介した方が良いでしょう。なお、役職名は慣用的に冠詞が省略されることもよくあります。その場合は、定冠詞（the）を省略したものですので、一人しかいないポジションを指すことになります。

　アメリカの民間企業などとやり取りをするときに、Vice Presidentという役職の人と調整を行うことがあります。Vice Presidentは文字通りに受け取ると、「副社長」のように思われますが、日本の会社の副社長とは異なることがあります。特に、"Vice President of Marketing" のように後に分野名が付く場合には、その部門のトップ、つまり部長のような扱いです。アメリカの企業の多くでは日本の社長に当たる役職はCEOであり、CEO、COO、CFOなどの下に各部門の長としてのVice Presidentがいます。また、Vice Presidentより上位の役職としてExecutive Vice PresidentやSenior Vice Presidentが置かれることもあります。

　日本でも自治体の外郭団体があるように、海外都市においても行政が設立しながら民間のような組織体系を持つ団体もあります。こうした団体では、民間企業に準じた役職名も使われます。例えば、ニューヨーク市の観光事業を推進する外郭団体であるニューヨークシティ＆カンパニー（NYC & Company）では、2021年8月現在、公式ウェブページ上では4名のExecutive Vice Presidentと3名のSenior Vice President、1名のVice Presidentが紹介されています。

5 所掌事務の違い

　海外都市と特定の分野で交流を行う際に注意が必要なのが、所掌事務が異なるという点です。日本では基礎自治体が所管している事務でも、海外では州政府が所管していることもあります。そうした場合、海外の基礎自治体を相手に、

その分野での交流をするのは困難です。

　例えば、よくある自治体交流のテーマとして教育があります。市区町村が公立中学校の生徒を海外都市の中学校に送って交流の機会を作りたいなどという場合、海外の市に連絡を取ることがあります。しかし、教育を所管していなければ、こうした話を持ち掛けられても対応できないことがあります。

　もちろん、普段交流のある海外都市が相手であれば、正しい所管部署につないでもらうために、まずはその都市に連絡してみるということもあるでしょう。しかし、唐突に所管外の話を送った場合には、最悪、無視されてしまうことも考えられます。

　アメリカでは、教育のみを扱う地方政府として「学校区」があり、市では公教育を管轄していないことも多いですし、オーストラリアでも教育は州政府が所管しており、市には権限がありません。

⑥ 国際担当部署の組織構造

　海外都市の国際担当部署の組織構造を見ることで、その都市が目指している国際交流のあり方を読み解くこともできます。日本の国際業務所管部署を見ても、例えば都道府県でも、京都府知事直轄組織国際課や奈良県知事公室国際課などは知事直下の組織、愛知県政策企画局国際課は企画系、福井県産業労働部国際経済課は商工系、石川県観光戦略推進部国際交流課は観光系、埼玉県県民生活部国際課は生活系などと、紐づいている組織の系統が異なります。これは各自治体の組織編制上の都合によるものであって、「国際業務」という幅広い業務のどこに焦点を当てているのかを読み取ることができます。

　海外都市でも同様に、国際部署は首長直下、商工系、文化系など様々な組織に属しています。国際交流を行う相手先が商工系の部署であった場合、相手都市の関心事項は経済交流などが中心になり、経済的な利益に結び付きにくい市民の文化交流などには前向きに対応してくれないことも想定されます。

あくまで一つの参考ではありますが、海外都市と交流を行うときに、相手の担当部署の組織構造や他の都市との交流事例などから、どのような交流を求めているかを読み解くことで、相手にも関心を持たれる交流事業の提案ができるかもしれません。

7 日本と異なる人事異動

　国際交流を円滑に進める上では、海外都市の幹部や担当者などとのつながりが重要な要素の一つとなります。メールや電話が中心になりがちな海外都市との調整ですが、国際会議や相互訪問などで直接会った相手であれば、相手の顔や性格をイメージしながら連絡できるため、円滑に話を進めやすくなります。しかし、日本の自治体で人事異動があるように、海外でもずっと同じ人が担当であるわけではありません。

　特に、アメリカや英国、オーストラリアなどでは、担当者がすぐに退職してしまうこともあります。行政学では、アングロサクソン系国家に見られがちな、こうした人事制度を「開放型任用制」(オープン・キャリア・システム)と説明していますが、日本のように終身雇用を前提とした組織ではないということです。なお、英国の国家公務員は「閉鎖型任用制」(クローズド・キャリア・システム)だと説明されますが、地方公務員の場合は開放型に近い状況です。ポストごとに採用が行われるため、係長で採用された人は、それより上(日本であれば課長補佐など)のポストに空きが出れば、そこに応募することで昇任することができますが、日本のように何年そのポストを務めたら昇任、という仕組みではありません。その組織内で空きポストが出なければ、他の地方政府や民間企業のポストに移って昇任をしていきます。例えば、開放型任用制の国で都市の幹部になっている職員では、「A市の職員→B町の課長→C州政府の課長→D市の部長→E市のCEO」のようなキャリアを築いていきます。また、公務員

から民間セクターへの転職、その逆も盛んに行われています。特に、産学官の様々な役職を行ったり来たりしてステップアップしていくアメリカのエリートの慣行は、「回転ドア」（revolving door）とも言われます。こうした慣行のため、一つの組織への勤続年数が少なくなるのです。

　また、日本であれば、異動で担当者が変わっても、外部への出向等にならなければ前任者のメールアドレスは使えますので、前任者にメールしても後任者につないでくれることがあります。しかし、開放型任用制の国では異動ではなく、退職をすることが多いので、メールアドレスも消えていて、後任を紹介してもらえないことになります。引き継ぎが行われていないこともあり、一般に公開している問合せ窓口で一から連絡を取るようなことにもなりかねません。一方で、フランスやドイツなどでは、日本のような閉鎖型が一般的ですので、職員が頻繁に退職するわけではありません。

Column	突然の解雇は本当にある

　筆者（丹羽）が自治体国際化協会ニューヨーク事務所に勤務していた時、ニューヨーク市議会事務局の財政部長が突然解雇されるということがありました。私たちは市議会財政部と良い関係を築いており、しばしば情報交換などを行っていましたが、解雇翌日の新聞記事でそのことを知り大変驚きました。すぐに連絡を取ろうとしましたが、もちろんつながりません。報道によれば、その約1か月前に就任した市議会の新議長が財政部長と予算部局の4割に当たるスタッフ17名他計61名をリストラ名目で解雇し、新議長の当選に貢献した弁護士を新財政部長に任命したということでした。この61名は解雇当日の朝、ピンク色の封筒を手渡され、職場のコンピュータへのアクセスができなくなり、その日のうちにデスクを片付けて出ていくように言い渡されました。

アメリカではこうした解雇がしばしば行われますが、大規模かつベテランの財政部長まで解雇されたことに対して批判も起こり、ニュースで大きく取り上げられました。

Column	ニュージーランドで経験した人事制度の違い

筆者（小松）はシドニー駐在中、ニュージーランドのネルソン市役所でインターンをしたことがあります。政策、長期計画、都市計画などの係で計1週間お世話になりましたが、ちょうど私がインターンを始めた初日には、直近の半年間に採用された新規採用者向けの全体研修がありました。ニュージーランドの自治体は開放型任用制で、日本のような一括採用を行っていないため、それぞれ採用時期が異なる職員が自己紹介をしていきました。

また、各職場で私の指導に当たってくれた職員のほとんどは勤続年数が10年以下、しかも英国や南アフリカから移住してきた人や、一度英国に移住してニュージーランドに戻ってきた人など、グローバルに転職する人が多くいました。転職が盛んで移民も多い国とはいえ、市職員の雇用の流動性の高さに驚かされました。

⑧ 相手の休日・休暇を考慮する

海外出張の調整などにおいては、相手方の暦の事情も考慮する必要があります。海外からの訪問団を受け入れる場合、相手の訪日日程と希望日程を確認しながら、受入体制を整えていく必要があります。しかし、5月上旬を希望された場合は、ゴールデンウィークの期間中または前後であるため、受入が容易で

はありません。日本人同士ならば想像がつきますが、ゴールデンウィークは日本特有のものですから、海外都市の人にはその感覚はありません。また、3月下旬の年度末や4月上旬の年度初めの時期も、自治体では人事異動などのため受入が難しいこともありますが、そうした事情も相手に説明しなければ理解してもらえません。

　反対に、日本の自治体からの訪問団が海外都市を訪問する場合、相手方の休日・休暇の都合によってどうしても受け入れられないこともあります。欧米諸国の場合には、夏休みとクリスマスの時期は大型連休を取る人が多くなっています。フランスなどでは2か月近くの長期休暇を取る人もいますが、この間、別の人が対応してくれるわけではなく、受入れを断られることがあります。クリスマス休暇も、12月24、25日だけでなく、12月中旬から年末まで休みを取る人も多くいます。逆に、日本では正月三が日は通常休みになるのに対し、欧米諸国では1月2日から通常出勤の職場が多くあります。

　また、中国の場合、旧暦の正月休みである春節や中国の建国記念日（10月1日）に始まる国慶節が、それぞれ一週間程度の大型連休です。特に、春節には中国以外でもアジアを中心に各地で「チャイニーズ・ニューイヤー」を祝うためのパレードやフェスティバルが行われ連休になる国もあります。シドニーのシンボルであるオペラハウスも、この期間には中国カラーである赤にライトアップされています。

　そのほか、休日・休暇とは異なりますが、国によっては金曜日の午後にはあまり働かないこともあります。日本の「華の金曜日（華金）」などというように、英語には "TGIF"（Thank God, it's Friday）というスラングがありますが、定時ですぐ帰るというだけでなく、金曜日には定時よりも早く切り上げて帰るという人も珍しくありません。アメリカやカナダなどの企業でもそうですが、特にオーストラリアでは、その昔、木曜日が給料日の職場が多かったこともあって木曜日の夜は商店などが普段よりも遅くまで開いています。この辺りから週末気分になるので、金曜日はあまり働かない人も多いようです。そのため、金曜日の午後に送られたメールの返信がすぐに来ないということもあります。

⑨ 時間感覚や金銭感覚の違い

　海外都市との調整においては、日本の自治体と時間や金銭の感覚が異なるためのトラブルが発生することもあります。日本人は時間に厳格ですが、国によっては時間にルーズで多少の遅れをものとしないこともあります。集合時間を設定しても、その時間に来ない人もいるため、時間厳守であることを理解してもらう必要があるます。

　一方で、時間に厳格とされる日本人でも、時間のかかる手続きや予定どおりに終わらない会議などは合理主義的な国の人から時間を無駄にしていると見られることもあります。

　また、何か事業を行う際に、日本では事前の計画を重視しますが、海外では走りながら考えるような文化の国もあります。共同で事業を行う際に相手側の反応が悪い場合でも、相手にやる気がないわけではなく、もう少し直前にならないと準備を開始しないということもあります。2週間前になって相手都市が急に準備を始め出し、日本側で決めていた計画に変更を要求されることもありますので、直前でも臨機応変に対応できる体制が求められます。

　金銭についても、感覚の違いがあります。海外都市との共催イベントや会食を行う際に、こちらは折半にしようと思っていたけれども、相手側は金銭の負担を想定していなかった、という行き違いも想定されます。また、海外からの要望に応じて地域の施設や公園をイベント施設として貸し出したときに、自治体からの紹介だから無料で借りられると勘違いされることもあります。あとでトラブルにならないように、費用面の話は早めに相手側に伝えておくことが無難です。

Column	割り勘文化

　割り勘文化は海外ではあまり一般的ではありません。では、海外では会計をどのようにしているのでしょうか。

　例えば、英国のパブなどでは、飲み物を受け取るたびに会計をするので、最初にまとめて誰かが代金を支払い、次の会計の際には別の人が支払うというように、都度ごとに支払者を変えることで負担を同程度にするという文化があります（buying a round）。

　中国や韓国でも、食事に誘った人や年長者が全額を支払う文化があるため、割り勘を申し出ることが侮辱に当たることもあります。中国語で割り勘のことを「ＡＡ制」と言い、学生などの間では割り勘をすることもありますが、ケチだと感じる人も依然として多いようです。

　暗黙の了解で割り勘だろうと考えてしまうと、相手側の考えが異なることもあるため、注意が必要です。

10 宗教への理解

　海外諸国と日本との大きな違いの一つが宗教です。日本では無宗教と自覚する人が多いので、宗教を感覚的に捉えにくいのですが、海外との調整を行う上では、宗教への理解も必要となります。

　例えば、アメリカは、憲法では「政教分離」が謳われていますが、元々は宗教の自由を求めて海を渡った人々が作った国であり、連邦議会では常に開会の際に牧師が祈りをあげます。自治体が公共の場所にクリスマスの飾りを施すことは禁じられていますが、通貨には「我々は神を信頼する」というスローガンが書かれていますし、大統領の就任式の際には聖書に手を置いて宣誓するなど、

日本的な政教分離概念を念頭に置くと違和を感じる人がいても不思議ではありません。聖書を字義通りに解釈し、自然界は「知的存在」が一定の計画に基づいて創ったと考える創造論（インテリジェント・デザイン (ID) 論）を信奉し、教科書にダーウィンの進化論を記述することに反対する勢力もあります。反対に、フランスでは同じ政教分離と言っても、国家の宗教的中立性・無宗教性および信教の自由の保障の原則（laicité、ライシテ）をとっており、政治や公的空間から宗教を一切排除しようとするなど、国によって大きな違いがあります。

　世界三大宗教と呼ばれるキリスト教、イスラム教、仏教に加え、ヒンドゥー教や儒教、ユダヤ教など様々な宗教があり、それぞれが各国、各地方の文化や習慣と密接に結びついています。イスラム教やヒンドゥー教の食習慣等については、次章でも触れますが、イベントの開催時に宗教への配慮をしたり（例えば、偶像崇拝禁止の宗教では、偶像を想起させるものは使わないなど）、海外訪問時の服装に気を遣ったり（イスラム教寺院の訪問時に肌を露出しないなど）するなど、国際交流でも宗教を意識した対応が求められることがあります。

11 アメリカ＝西洋ではない

　日本では、戦後、アメリカの制度や文化を積極的に導入してきたため、西洋諸国の中でも特にアメリカのイメージが強くなっています。学校で学んでいる英語もアメリカ英語ですが、普段はそんなことを意識することもなく、オーストラリア人のALTが "Good day" と挨拶するのを聞いて、教科書で学ぶアメリカ英語だけが英語ではないと気づく程度でしょう。しかし、アメリカ、英国、カナダ、オーストラリア、ニュージーランドなど、それぞれの国の英語には特徴があります。

　英語だから全て同じだろうと考えていると、思わぬ失敗やトラブルに陥ることもあります。特に困惑しやすいのが、日付の書き方です。2020年4月1日と

書くときに、アメリカ英語ではApril 1, 2020や4/1/2020などと書きますが、イギリス英語の場合は月と日の順番が逆になり、1 April 2020や1/4/2020と書きます。英国以外の欧州の多くの国や、コモンウェルス（第８章２(3)）の国々でも同様です。特に、4/1/2020などと書いたときには、１月４日なのか、４月１日なのかわかりません。

　極端な事例ですが、欧州のアジア系スーパーで、海外輸出向けに作られた日本食品を見つけたとしましょう。そこに01/02/03という製造日が書いてあったとき、日本の製品だから2001年２月３日を指すのか、輸出量の多いアメリカ向けに作られた製品でアメリカに合わせて2003年１月２日を指すのか、輸出国別に表記を変えていて欧州式に2003年２月１日を指すのか、全く判別することができないことすら考えられます。

　また、海外出張時の待ち合わせ場所などで間違えやすいのが、階層を表す言葉です。建物の１階は、アメリカでは日本語の考え方のように “the first floor” と言いますが、英国をはじめとした欧州などでは “the ground floor” と言います。欧州などの “the first floor” は日本での２階を指すのです（英語に限らず、フランス語、イタリア語、ドイツ語などでも同様に「地上階」と「１階」を分けています）。このほか、アメリカでは、温度、重さ、長さなどの単位が他国とは異なります。

　政治や文化の話でも同様です。よくメディアで日本との比較として「海外では〜」「欧米では〜」という説明を聞きますが、欧米と言っても、欧州と米国では文化が異なりますし、欧州内でも各国・各地域の文化があります。米国在住者が「欧米では〜」と書いている内容が、欧州には全く当てはまらないということがよくあります。同じ東アジアの日本、中国、韓国のそれぞれの文化や慣習が異なるように、西洋の文化を一括りにしてしまうのは軽率です。

　こうした文化的背景を無視して、アメリカ＝西洋のような認識で、他の国にも接してしまうと思わぬトラブルにも陥りかねません。次章では、調整時などの注意点を国別に紹介していきます。

　アメリカにはイスラエルに次いで多くのユダヤ人（Jewish）が住んでいると言われており、特にニューヨークはユダヤ系アメリカ人の影響を強く受けています。

　ユダヤ教の戒律と伝統を最も厳格に守る超正統派（Ultra-Orthodox）と呼ばれる人々は有名ですが、戒律をどこまで守るかは人それぞれです。例えば、コーシャーと呼ばれるユダヤ教徒が食べても良いとされる食べ物の決まりがありますが、一切気にしない人もいれば、適宜取り入れる人、「水に住む生物でヒレとウロコのないもの（イカ、エビ、貝など）は食べない」「肉と乳製品は一緒に食べない」といった条件を厳格に守る人もいます。

　クリスマスの時期には、ユダヤ教のハヌカというお祝いがあり、アパートのロビーなどには、クリスマスツリーだけでなく、メノラーと呼ばれる7枝の燭台が飾られます。ユダヤ系の人に対しては「Merry Christmas!」という挨拶はできません。結婚式も教会（church）ではなく、ユダヤ教の礼拝所であるシナゴーグ（synagogue）で行いますので、言葉の使い方に注意が必要です。また、3月から4月にかけての過ぎ越しの祭り（Passover）、9月から10月にあるロシュ・ハシャナ、ヨム・キプルもユダヤ教の大事な祝日で、企業が従業員の休暇を認めたり、学校などが休みになったりすることもあります。

　なお、アメリカでは、法定の祝日以外の休日は州によって異なりますので、事前の確認が必要です。

第8章

各国との調整における注意点

1 アメリカ

州別の自治制度

　新たな政策を立案するときに、参考として海外の事例を調査することがあります。しかし、アメリカのある州や自治体の制度を調べて、他の州や他の自治体も同じ制度だろうと思うのは早計です。

　米国の州は、歴史的には、それぞれが主権国家と言えるものでした。13あったStateが一つの国家を作り上げたものが、アメリカ合衆国（the United States of America）です。アメリカの中央政府である連邦政府が持つ権限は、合衆国憲法に列挙されているものだけで、そのほかの権限は州政府にあります（制限列挙方式）。そのため、連邦政府と州政府がそれぞれ主権を有しており、州政府は地方政府ではありません。連邦政府には日本の総務省のように州を指導する部署もありません。各州はそれぞれ憲法と立派な議事堂、州裁判所も持っています。アメリカの市町村は、各州の憲法や州法に基づいて設立されているので、「州の創造物」（Creature of State）と呼ばれます。各州が創造したものなので、州によって扱いに差があります。

　なお、自治体を「州の創造物」とするのは、アメリカと同じく英国の植民地であったカナダ、オーストラリア、インドなどでも同様の特徴を見て取ることができます。

2 カナダ

　カナダは連邦国家で、州（province）や準州（territory）の州法で自治体を設置していますので、アメリカと同様に、自治体は「州の創造物」と呼ばれ、自治制度も州によって異なります。しかし、連邦政府と州政府の関係を見ると、アメリカやオーストラリアと異なり、カナダでは連邦の権限が強くなっています[1]。

フランス語圏との結びつきが強いケベック州

　カナダというと、英語圏の印象が強いかもしれませんが、カナダの公用語は英語とフランス語です。16世紀に北米大陸の北東部はフランス領となりましたが、その後、18世紀にフレンチ＝インディアン戦争によって英国領となりました。英国領となり、その後、独立してカナダとなった後も、フランス系住民は独自のアイデンティティを保ってきました。中でも東部のケベック州ではフランス語のみを公用語としており、1960年代以降、独立運動も行われてきました。フランコフォニー国際機関（本章 4 (2) 参照）にも、州として参加しています。

　ケベック州のフランス語は「ケベコワ」（Québécois）と呼ばれ、標準フランス語とは少し異なるものです。例えば、フランスでは市長が女性の場合でも "maire" という単語を使いますが、ケベック州では、女性市長について "mairesse" という表現も見られます。

③ 英国（イギリス）

(1) 連合王国（the United Kingdom）

　英国はアメリカのような連邦制の国ではありませんが、歴史的にはイングランド、ウェールズ、スコットランド、北アイルランドという 4 つの国が一つになってできた国です。日本では英国といえばイングランドというイメージを持つ人もいますが、イングランドは英国の一部にすぎません。サッカーやラグビーのワールドカップを見ても、これらの 4 国は別々のチームを組んで参加しています。しかも、ラグビーワールドカップでは、北アイルランドは他国であるアイルランド共和国との連合チームで出場しています[2]。

　イングランド以外の地域の人の出身地としてイングランドと言うのは失礼に

1　アメリカやオーストラリアでは、憲法で列挙された連邦政府の権限以外は州政府の権限になっていますが、カナダでは憲法で連邦政府と州政府の権限をそれぞれ列挙し、残余権は連邦政府が持つことになっています。

当たります。特に、独立運動も盛んなスコットランドの人はスコットランドの文化への誇りから、イングランドと一緒にされることを嫌う人もいるので、注意が必要です。

これらの4地域全てを指す場合には英語では "the United Kingdom"（連合王国。省略して "UK" と言うのが一般的です）や "Great Britain"（大ブリテン島）と言いますので、その一部であるイングランドに限定しないで言うには、これらの言葉を使うようにします。なお、日本語の場合、公用文では通常「英国」と書きますので、本書でもそれに従っています。

このように、4地域の独立性が高いため、地方自治制度においても違いがあります[3]。アメリカの州別の違いと同様、英国においてもイングランドの自治制度が全体に当てはまると考えるのは早計です。

（2）ロードメイヤー

英国の自治体には、普通の市長（Mayor）と異なるロードメイヤー（Lord Mayor）という肩書を持つ市長がいます。歴史と伝統ある都市の市長がこの肩書を持っていて、英国以外にもオーストラリアなどで同様に、シドニーなどの大都市の市長がこの肩書を持っています。

スコットランドでは通常の市長を "Provost" と呼び、ロードメイヤーに当たる市長を "Lord Provost" と呼ぶほか、他の欧州の都市などでも大都市の市長に英語での「ロードメイヤー」に当たる肩書を付していることもあります。通常の市長では "The Honourable" という敬称を使いますが、ロードメイヤーには "The Right Honourable" という敬称を使うなど、一層の敬意を払われる役職です。

---

2 アイルランドは長い間、英国の支配下にありましたが、1919年に現在のアイルランド共和国が独立を宣言し、1949年に完全な独立を実現しました。これによって、北アイルランドのみが英国に残りました。独立宣言後、サッカー協会は分裂しましたが、ラグビー協会は分裂しなかったので、現在でも統一チームとして参加しています。
3 イングランドとウェールズは同一の法律が適用される場合が多いですが、スコットランドや北アイルランドは別の法律が適用される場合が多くなっています。

　なお、ロンドンには市長（Mayor of London）とロードメイヤー（Lord Mayor of the City of London）の２人の市長がいます。前者は大ロンドン庁（Greater London Authority, GLA）という広域自治体の首長であり、後者は金融街の「シティ」などとして知られるシティ・オブ・ロンドン・コーポレーション（City of London Corporation, City of London）の市長です。シティは大ロンドンの中心部にある一区画ですが、広域自治体である大ロンドンではなく、こちらの市長がロードメイヤーなのです。

　余談ではありますが、シティという地域はローマ人が英国を占領した際に、創建した「ロンディウム」という地域です。ニューヨークのウォール街と並ぶ金融街として有名なだけでなく、歴史と伝統のある地域で、この地域からロンドンという都市が始まりました。その後の歴史の中で、シティは高度な自治都市として王権からも独立した地域になりました。今日でも、英国女王はロードメイヤーに儀礼的な許可を得てからシティ内に入ります。

　1189年には市長の職が設けられ、1354年以降、名称が「ロードメイヤー」になりました。任期は原則１年で、2021年現在ロードメイヤーは第692代目です。毎年、ロードメイヤーの就任時には「ロード・メイヤーズ・ショー」という大規模なパレードが開催されています。

　一方で、大ロンドン庁はシティよりも範囲も予算規模も大きい広域自治体ですが、設立されたのは2000年で、まだ歴史浅い組織です[4]。そのため、伝統ある都市などの首長の称号である「ロードメイヤー」を使わず、またシティの市長と区別するためにも、通常の「市長（Mayor）」という職名を使っているのでしょう。

（3）コモンウェルス

　英国と旧英国植民地との緩やかな連合体として、「コモンウェルス」

4　それまでにもロンドン県（London County Council）や大ロンドン都（Greater London Council）という広域自治体がありましたが、19世紀末以降のものなので、シティよりも歴史が浅いものです。

（Commonwealth of Nations）というものがあります。

　コモンウェルスの加盟国のうち、カナダやオーストラリア、ニュージーランドなどの一部では、今日でも英国の君主を自国の君主・元首としています。「英連邦王国」などとも言いますが、現在の英国君主である女王エリザベス2世は、カナダやオーストラリアなどでも女王として君臨しているのです[5]。これらの国では、女王の代理として総督（Governor-General）の職が設けられ、通常、総督が女王の職務を代行します。英国文化や制度が色濃く残っていることも多いので、英国の文化等への知識がそのまま活用できることがあります。

　また、加盟国首脳会議を毎年開催しているほか、4年ごとの総合スポーツ大会として「コモンウェルスゲームズ」（Commonwealth Games）も開催されています。

（4）イギリス英語

　日本人が学校で習う英語は、通常はアメリカ英語です。イギリス英語の場合には、表現やスペルが異なることがありますので、注意が必要です。英国の人でも一般的にアメリカ英語を理解することはできますが、国際交流の基本は相手の文化への敬意や尊重ですから、英国の自治体と一対一で交流を行う際には、できる限りイギリス英語を使った方が相手の心象も良いでしょう。

　例えば、先ほど書いた "Honourable" もアメリカ英語では "Honorable" ですから、アメリカと英国では使い分ける必要があります。主なスペルの違いは以下のとおりです。

・erとre：center（米）とcentre（英）など
・orとour：color（米）とcolour（英）など
・seとce：defense（米）とdefence（英）など

5　ただし、「君臨すれども統治せず」の原則に基づいて、実際の政治には関与しません。

・izeとise：organize（米）とorganise（英）など
・yzeとyse：analyze（米）とanalyse（英）など
・ogとogue：dialog（米）とdialogue（英）など

　また、エレベーターのことをアメリカ英語では、"elevator" というのに対してイギリス英語では "lift" という、地下鉄のことをアメリカ英語では "subway"、イギリス英語では "underground" というなど、使われる単語も異なります。

　このほか、同じスペルであっても発音が異なるなど、アメリカ英語とイギリス英語の間には様々な違いがあります。オーストラリア英語やニュージーランド英語などもイギリス英語に近いですが、良く使う表現や発音などに違いがあります。スペルは基本的にイギリス英語と同じですが、オーストラリアではprogrammeというスペルを使わずに、programを使うなどの差があります。

④ フランス

(1)「ミルフィーユ」と呼ばれる複雑な地方行政制度

　日本とは異なるため、理解が難しい海外の行政制度ですが、特に複雑なのがフランスです。フランスの複雑に重なって構成された地方行政制度は「ミルフィーユ」とも呼ばれてきました。こうした状況を打開するため、様々な地方自治制度改革が進められてきましたが、州（région）・県（département）・コミューン（commune）の三層構造を基本としながらも、課税権を有する広域連合体や区などもあり、依然として複雑な構造にあります。「コミューン」は、聞きなれないかもしれませんが、日本での基礎自治体（市町村）に当たるものです。フランスに限りませんが、日本のように基礎自治体を規模などによって市、町、村に分類しない国も多くあります[6]。コミューンは中世の教区を起源としているため、日本の基礎自治体よりも小規模な団体で、約９割が人口２千人

未満となっています。

　日本の自治体との交流は活発に行われており、2008年に日仏交流150周年を記念として、姉妹都市関係にあるナンシー市と石川県金沢市の呼びかけで「日仏自治体交流会議」が開催されて以降、定期的に同会議が開催され、日仏両国の自治体がマルチラテラルな自治体交流を行っています。

（2）フランコフォニー

　フランスには多数の植民地がありましたが、今日ではそのほとんどが独立し、現在では一部の地域が海外県、海外領土などとして残っているのみです。しかし、アフリカ北西部など旧植民地の国々では今日でもフランス語が公用語や準公用語として使われています。

　フランス国外を含むフランス語話者の言語共同体は「フランコフォニー」（francophonie）と呼ばれています。国・地域レベルの国際機関である「フランコフォニー国際機関」（Organisation Internationale de la Francophonie）には、アフリカ諸国をはじめとする多くの旧フランス植民地が参加しており[7]、今日でもフランス文化やフランス語を通じたつながりがあります。2年に一度、加盟国・地域のいずれかで首脳会談が開催されるのに加え、前述のコモンウェルスゲームズと同様に、加盟国・地域が参加する「フランス語圏競技大会」（Jeux de la Francophonie）が4年に一度開催されています。

　フランス語圏や旧植民地とのつながりは、都市間の交流にも見られます。例えば、首都パリ市を中心とするイル・ド・フランス地域圏では、パートナーシップ協定を結んでいる20の都市のうち、12がフランスの旧植民地の国にある都市です。

6　ただし、同じ「コミューン」であっても、日本語に翻訳するときには、規模を鑑みて訳語を市、町、村に使い分けることがあります。

7　なお、フランコフォニー国際機関はフランス語圏に限定するものでないため、フランス語圏以外の国も参加しています。

5 オーストラリア

州による自治体の強制合併

　オーストラリアの文化は基本的には英国に似ていますが、行政制度ではアメリカに近いところがあります。英国の流刑植民地として、自治権を持った複数の州政府が先に誕生し、行政運営の効率化などを目的として連邦政府が設立されました。連邦の権限を限定列挙し、その他の権限は州政府が持つという点で、アメリカにおける連邦と州の関係に近くなっています。

　また、アメリカと同様に自治体は「州の創造物」とされますが、特にオーストラリアの州はその創造物である自治体に対する権限が強くなっています。例えば、汚職のあった自治体等の議会を州政府が強制的に解散することもできます。

　そして、この州による自治体への関与は、ときに日本の自治体との交流にも影響します。オーストラリアの各州では、幾度か州主導で自治体の強制合併が行われてきました。2016年にも、大規模な合併が行われ、152あった自治体の数が128まで減りました。合併の対象となる自治体は州が指定します。合併対象となった自治体の市長や議員は即日失職し、州が任命した行政官が市長の代理として合併後の自治体に派遣されました。自治体の意向にかかわらず強制的に合併をさせる方法は、日本では考え難いですが、さすがにオーストラリアでも反発があり、対象となった自治体が訴訟などを起こしたことで、当初112まで減る予定だった数が128に留まっています。

　この2016年強制合併によって、ニューサウスウェールズ州のゴスフォード市は周囲の自治体と合併し、セントラルコースト市という自治体になりました。そのため、ゴスフォード市の姉妹都市であった東京都江戸川区は、2018年にセントラルコースト市と改めて姉妹都市関係を締結しました。一方で、姉妹都市交流を活発に行っていたのに、合併によって交流が休止となってしまった事例もあります。

⑥ ニュージーランド

　ニュージーランドの地方政府には地域自治体（territorial authority）と広域自治体（regional council）、その２つの機能を兼ね備えた統合自治体（unitary authority）の３種類があります。地域自治体の区域は広域自治体の区域に含まれていますが、両者の担当事務は明確に分けられており、上下関係はありません。

マオリ語とマオリの文化

　ニュージーランドでは、"Kia ora!" という挨拶がよく使われます。これは英語ではなく、ニュージーランドの先住民であるマオリの人々の言葉で、「こんにちは」の意味です。ニュージーランドの公用語は英語だけでなく、マオリ語とニュージーランド手話もあります。あらゆるところでマオリ語が併記されており、国歌にもマオリ語の歌詞があります。言語や文化が保存されているだけでなく、マオリを担当する大臣や、マオリの選挙区が設けられているなど、政治参加も保障されています。

　ニュージーランドで姉妹都市イベントを開催する際などに、マオリの民族舞踊がプログラムの中に入ったり、鼻と鼻を押し当てるマオリの挨拶（ホンギ）を行ったりということもあります。イベントで挨拶を行う際などに、英語だけでなく、マオリ語の挨拶を取り入れてみることで、ニュージーランドの文化や歴史を尊重していることを示すこともできます。

7 中 国

(1) 様々な「中国語」

　広大な中国には様々な方言があります。中国の公用語としている普通話は北京語をベースとしていますが、香港などの南部では広東語が広く使われています。また、上海では上海語も使われます。このほかにも福建語など、様々な言葉があります。

　これらは、使われる単語や文法が違うだけでなく、文字も異なります。方言と言っても、別の言語とする見方もあるくらいで、テレビドラマや映画などには字幕が付いていることもあるそうです。英語では、普通話（北京語）は"Mandarin"、広東語は"Cantonese"と言います。普通話では従来の漢字を簡略化した簡体字を使うことが多いですが、広東語では日本の旧字体のような繁体字を使います。言語の他にも、文化など様々な点で地域の違いがあります。同じ中国だからと一括りにせず、相手先の言語や文化を調べた上で調整することが求められます。

(2) 近年急増する友好都市

　日本では、海外との姉妹都市関係の数は大阪府で10、東京都でも12など、多くても10程度です。一方で、中国の大都市では北京市で40、上海市で67の友好都市関係があります。

　なお、中国の都市レベルの友好都市提携は、国の機関である「中国人民対外友好協会」が管理しています。日本では、姉妹都市と友好都市などの名称の違いには統一的な定義がありませんが、中国の都市においては、「（国際）友好都市」とその他の友好関係には厳格な違いがあります。日本では、姉妹都市関係は自治体の裁量によって締結されるものですが、中国の都市が「国際友好都市」関係を締結するには、中央政府の認可が必要です。他方、市長の決裁でできる関係を「友好交流（関係）都市」や「友好合作関係都市」などとして別で扱っ

ています。

（3）実は偉い中国の「主任」

　中国語は日本語と同じ漢字の単語も多いので、日本人にとって学びやすい言語です。しかし、日本語の感覚でとらえてしまうと、思わぬトラブルを招いてしまうこともあります。

　例えば、「主任」という役職は、日本の自治体では主事の一つ上の職として、比較的若手の職員が就く役職ですが、中国の地方政府の主任は日本の局長や部長に当たる役職です。中国の地方政府で国際交流を担当する部署は「外事弁公室」（「外事弁」や「外弁」と呼ぶこともあります）ですが、このトップの役職が主任なのです。

　「面子は命よりも大切」と言われるほど、中国人は面子を重んじています。中国の国際担当者一行が来日したときに、「主任」という役職を見て、日本の自治体の主任のように扱ってしまえば、中国人との調整は難航しかねません。

　また、日本語の印象と異なる役職として「巡視員」という役職もあります。これは、日本だと警察の交通巡視員のように思えますが、一般職の行政官で上位の役職です。

（4）書記と市長

　中国の省長や市長は、共産党の出世ルートのポストです。そのため、省や市の重要ポストにいる党員は将来的には、国の主要ポストを務める可能性もあります。例えば、現在の中国国家主席である習近平氏も、厦門副市長、福建省長などを務めていました。福建省長時代には友好都市の長崎県にも訪問しています。

　中国では、省政府や市政府の上位に共産党委員会があります。省や市の共産党委員会は中国共産党の最高意思決定機関である中央政治局常務委員会の地方組織です。省・市で一番上のポストは党委員会書記で、省長や市長はその次のポストになっています。

　都市レベルの交流で応対した相手都市幹部が、将来の中央政府の幹部になることもあるため、国レベルの外交から見ても、都市間交流が重要な役割を果たします。

(5) 香　港

　香港とマカオは、それぞれ英国とポルトガルの植民地でした。中国に返還された後でも、「一国二制度」と呼ばれる体制の下、外交と国防を除いた自治が認められており、特別行政区が設置されています。香港の選挙委員会で選出され、中国の中央人民政府に任命された行政長官がこの特別行政区の首長の役割を果たし、その下に3人の司長と13の局長が置かれていますが、これらの役職は閣僚のような扱いとなっています。

　香港と姉妹都市関係を結んでいる日本の自治体はありませんが、農産物等の輸出促進や企業誘致等のために、2019年9月現在、6つの自治体が事務所を置いています[8]。

⑧ 台　湾

国交はないが、盛んな交流

　正式な外交関係はありませんが、日本と台湾の間には37の姉妹都市関係があります。台湾は、日本に台北駐日経済文化代表処を設置しており、民間機構ではありますが、この代表処が実質的に台湾の外交窓口として大使館や領事館のような役割を果たしています。また、日本側の対台湾の窓口としては公益財団法人日本台湾交流協会が置かれ、台湾との交流の調整や台湾における邦人保護、ビザ発給等の領事機能を担っています。

8　他機関の現地事務所への派遣や、業務委託も含めると、19自治体が香港を拠点とした活動を行っています。（自治体国際化協会（2020）「自治体の海外拠点一覧」）

⑨ 韓　国

日本と似た地方行政制度

　韓国の地方制度は日本と類似した点が多く、地方自治法もいくつかの点を除いては、概ね日本の地方自治法の規定と似ています。韓国の地方行政は広域自治体である特別市、広域市、道、特別自治道、特別自治市と基礎自治体である市、郡、自治区から成り立っています。日本の自治体との交流も活発に行われており、日本の自治体の姉妹都市関係としても米中に次ぐ165件の関係が締結されています。

　韓国の自治体の国際交流は、大韓民国市道知事協議会（Governors Association of Korea、GAOK）が支援しています。かつては日本の自治体国際化協会のような韓国地方自治団体国際化財団（KLAFIR）という団体が、自治体の国際交流を推進していましたが、2010年にその機能が日本の全国知事会に当たる同協議会に移管されました。同協議会は日本を含めた海外6か国に事務所を置いており、現地の都市と韓国の都市との調整などを行っています。

⑩ シンガポール

都市国家

　シンガポールは、金融、ITなどの分野で進んだ取組を行っているため、行政視察の対象として高い人気を誇っています。しかし、視察のため、現地の地方政府に連絡を取ろうとしても、都市国家のシンガポールには地方政府がありません。水道や学校、福祉などの行政サービスも国の省庁やその関係機関が直接提供しています。国家であるシンガポールとは姉妹都市関係を結ぶことはできませんし、都市政策を学ぶとしても中央政府やその関係機関を訪問することになります。また、電子政府化が非常に進んでいてオンライン上に非常に多くの

情報を掲載しているため、「その内容ならウェブサイトで見てくれ」と訪問を断られることもありますから、訪問目的をしっかりと説明する必要があります。

　シンガポールは世界中の都市の首長を集めた「世界都市サミット」（World Cities Summit）を開催し、「リー・クアンユー世界都市賞」を授与していますが、これも都市の国際会議でありながら国の都市生活センター（Centre for Liveable Cities）と都市再開発庁（Urban Redevelopment Authority）が主催しているものです。

　なお、シンガポールは「シングリッシュ」（シンガポール訛りの英語）のイメージもありますが、英語のほかにマレー語、中国語、タミル語などを公用語とする多言語国家です。

11 インド

　インドは中央政府、州政府、自治体の三層構造です。自治体は都市部自治体（municipality）と農村部自治体（panchayat）に大別されます。州の独立性が高いアメリカなどと異なり、中央集権的なインドでは中央政府が州に介入することが認められています。

(1) 州によって異なる公用語

　インドの連邦公用語はヒンディー語です。しかし、そのほかにも憲法の中では22の言語が指定言語として定められており、およそ2,000もの方言があるとされています。そして、連邦公用語とは別に、それぞれの州で州公用語が設けられており、地域によって話す言葉が異なります。

(2) ベジタリアン

　インドに多数の信者がいるヒンドゥー教の神、シヴァ神は牡牛を乗り物としているため、ヒンドゥー教では牛が聖なる生き物とされ、食べることが禁じら

れています。その他の動物の肉を食べないベジタリアンも多いため、レセプションで食事を提供したり、食品をお土産として渡したりする際には注意が必要です。なお、ベジタリアンといっても、人によって食べられるものは異なります。日本ベジタリアン協会によれば、ベジタリアンには次のような分類があります[9]。

①ビーガン（Vegan）、ピュア・ベジタリアン（Pure-Vegetarian、純粋採食）
　　ビーガン（Vegan）：動物に苦しみを与えることへの嫌悪から、動物の肉（鳥肉・魚肉・その他の魚介類）と卵・乳製品を食べず、また動物製品（皮製品・シルク・ウール・羊毛油・ゼラチンなど）を身につけたりしない人たち。
　　ダイエタリー・ビーガン (Dietary Vegan)：ビーガン同様、植物性食品のみの食事をするが、食用以外の動物の利用を必ずしも避けようとしない。
　　フルータリアン (Fruitarian)：ビーガンと異なり、植物を殺さない(絶やさない)食品のみを食べる人たち。（リンゴの実を収穫してもリンゴの木は死なないが、ニンジンを収穫するとニンジンは死んでしまう。）

②ラクト・ベジタリアン（Lacto-Vegetarian、乳菜食）
　植物性食品に加えて乳・乳製品などを食べる人たち。

③ラクト・オボ・ベジタリアン（Lacto-Ovo-Vegetarian：乳卵菜食）
　植物性食品と乳・卵を食べる人たち。牛乳やチーズなどの乳製品のほかに卵も食べるタイプで、欧米のベジタリアンの大半がこのタイプ。

9　日本ベジタリアン協会「ベジタリアンとは？」（http://www.jpvs.org/menu-info/）をもとに作成。

④その他

　学術的には植物性食品・乳・卵と、魚を食べる（ペスコ・ベジタリアン、ペスカタリアン）や、鶏肉を食べる（ポーヨー・ベジタリアン）などがある。しかし、これらのタイプは、国際ベジタリアン連合にはベジタリアンと認められていない。

　ここではインドをベジタリアンの多い国として紹介しましたが、ベジタリアンはあらゆる国にいて、近年ではアメリカなどでも急増しています。このため、相手の国に関わらず、ビュッフェ形式のパーティーではベジタリアンでも食べられるメニューを用意し、着席のディナーなどでは参加者に食事の制限（Dietary restrictions）を確認しておく必要があるでしょう。

Column　**多様性の国インド**

　筆者（丹羽）は、ベンガルールの国立航空研究所から二人の研究者を東京で開催した国際会議に招待したことがあります。インドの共通語はヒンディー語と思い込んでいましたが、ふと気づくと彼ら二人だけで話す時も英語を話しています。理由を尋ねたところ、「僕はカルナータカ州出身で母語はカンナダ語、彼は隣のケラーラ州出身で母語はマラヤーラム語。だから英語で話すんだよ」との返答。インドでは州ごとに公用語が違うのです。

　また、インドの人は牛肉を食べないというのも有名ですが、この二人はベジタリアン（乳製品はOK）でした。和食には鰹節が含まれている可能性があるため、食事場所には気を遣ったものです。翌年、ベンガルールに出張した際にホテルで出された料理もすべて豆を中心とするベジタリアン料理でした。ただし、これも人によるようで、「妻はベジタリアンではないからうちは台所が二つあるよ」という人もいましたし、日本への留学経験のある通

訳の女性は「何でも食べる」とのことでした。

　「○○国はこんな国だろう」と勝手に思い込むのではなく、先方にきちんと確認することは大変重要です。

12 イスラム圏

　本書では、欧米の文化を中心に説明してきましたが、イスラム圏の国々では、クルアーン（聖典）などに記された内容に基づき、欧米とは異なる文化や慣例があります。

　イスラム教徒のことをアラビア語で「ムスリム」（女性は「ムスリマ」）と言います。ムスリム人口は世界人口の約4分の1を占めており、イスラム教は世界でキリスト教に次いで2番目に人口の多い宗教です。2030年にはキリスト教徒の数を抜き、2050年には世界人口の3分の1にまで達するとも言われています。ムスリムというと中東の印象が強いかもしれませんが、インドネシア、パキスタン、インドなど東南アジアのムスリム人口は中東よりも多くなっています。イスラム圏からの賓客をもてなす際などに注意することとして、次のようなことが挙げられます。

(1) 習慣・マナー

服　装

　男女ともに素肌を見せることは好ましくないとされているため、接遇の際には、肌の露出の少ない服装にします。また、十字架や数珠など、他の宗教を想起させるモチーフは目立たないように配慮します。

女性への接遇

　ムスリムの女性には基本的に女性が対応するようにします。また、イスラム

教では、原則、異性とは握手をしません。相手から手を差し出された場合には握手をしますが、その場合でも長時間手を握ることを避けます。

右手が優先

アラーの言行録「ハディース」の中で、食事において右手を使うことが記されていることから、食事やそれ以外の日常生活でも、右手を優先的に使う人が多くなっています。

（2）食　事

イスラム教の教義では豚肉を食べることが禁止されています。また、地域や宗派によって異なりますが、自制心を狂わせるアルコールも避けるべきものとされています。イスラムの教義の中でも食べることが許可された食材や料理の認証を「ハラール認証」と言います（「ハラール」は「許可された」の意）。

スーパーなどでもハラール認証を受けた食材が売られていますので、これらの材料を使えば良いと思われるかもしれませんが、調理段階で豚脂（ラード）やゼラチン、みりん、アルコールを含む醤油[10]、日本酒、ワインなどを使ってしまうと、ハラール料理ではなくなってしまいます。また、豚肉以外の肉であっても、イスラム法に則って屠畜をされた肉以外は避けるべきとされています。

肉料理以外の選択肢として、野菜や魚介類を使った料理も振る舞うことや、料理の原材料をわかりやすく表示することなどが必要です。イベントなどでムスリムに料理を提供する場合には、こうしたハラール対応のできる業者に委託するなどの配慮が求められます。

（3）礼　拝

イスラム教の教えでは、一日に5回決められた時間に5分程度の礼拝を行うことになっています。礼拝用のマットをメッカの方角（キブラ）に敷いて礼拝

10　醤油には、製造過程で発酵させるため、数％のアルコールが含まれています。ハラール認証を得た醤油もありますので、ムスリムも参加するイベントではこうした醤油を使うように配慮する必要があります。

を行いますが、場所、日の出と日の入りの時間によって、時間は異なります。

　旅行中や対外的な仕事の時はこうした決まりを柔軟に捉えて礼拝の回数を減らしたり、時間をずらしたりする人もいますが、ムスリムが参加するイベントを開催するときなどには、多目的ルームや会議室などを礼拝部屋とすることで、イベント中に礼拝を行えるようにした方が良いでしょう。また、礼拝前には体を水で清めますので、水場を案内できるようにします。

（4）断食月（ラマダン）

　イスラム教には、年に一度、夜明けから日の入りまでの間、断食や斎戒（身を清めること）をする断食月（ラマダン）があります。イスラム歴と西暦は異なるため、年によって時期が変わりますが、断食は約30日間続きます。夜明け前に「スクール」と呼ばれる食事、日没後に「イフタール」と呼ばれる食事を取ります。異教徒は断食をする必要はありませんが、日中に目の前での飲食をできるだけ控えるなどの配慮を行った方が良いでしょう。

　イスラム教徒といっても、国や世代、個々人によって向き合い方は異なるため、わからないことはそのままにせず、先方に事前に確認すれば、丁寧に教えてくれるはずです。

第9章

おわりに

グローバル時代の
自治体職員に求められる力

国際業務の部署には、通常、国際業務の専門職種ではなく、一般の職員が配置されます。そのため、特に経験の浅いうちは、言語だけでなく、国際業務の専門用語や相手都市の文化・慣習などに戸惑うことも多いでしょう。本書では、初めて国際業務を担当する方でも業務を円滑に進められるよう、必要な知識やノウハウをまとめました。

　国際業務でよく起こるシチュエーションや、必要な調整を想定しましたが、いかに綿密に準備をしていても、想定外のことが起こってしまうものです。相手の急な予定の変更や想定外の事態に対して、臨機応変に対応していくことが求められます。

　国際業務の目標は、海外都市や海外団体との交流や連携などを通じて、住民の利益の向上を図ることです。国際業務の知識や、プロトコールに則した対応などは、業務を円滑に進めるための手段ではありますが、それだけでは相手からの信頼を得ることはできません。

　筆者らがお世話になった外交官の山元毅氏（現・駐グアテマラ特命全権大使）は長年外交の世界に身を置き、海外の大使館や総領事館で多くの行事をアレンジ、またはホストされてきました。山元氏は、「本当に基本的なルールさえ把握できていれば概ね大丈夫であって、あとは会合や会食が気持ちよく進行するよう気づく範囲で配慮していくという意識が大事」であり、国際交流においては、「まずは相手の話をよく聴くこと、相手の話に関心を持つこと（持つように努めること）」が重要であると強調されていました。国際業務に当たる職員には、相手のことを思いやった誠意ある対応や、交流や連携を通じて両都市相互の発展につなげるという熱意が必要です。

　文化や慣習が時代とともに変わっていくように、国際業務のあり方も時代とともに変わっていきます。昨今は新型コロナウイルスの感染拡大により、海外との往来は大きく減っています。感染症や気候変動の深刻化といった国際的な課題が、今後、国際交流のあり方に影響を及ぼしていくでしょう。しかし、こうした国際課題に対応するためにも、国や地域を越えた都市間の連携は不可欠であり、自治体の国際業務の意義は決して小さくなることはないと考えます。

　本書の執筆に当たって、実際に国際業務の実務に従事されている方や過去に
国際業務を担当されていた方など、多くの自治体関係者の方々にお話を伺いま
した。また、付録の英文は狩野みきさんに校閲をしていただきました。末筆な
がら、この場を借りてご協力いただいた皆様に深く感謝申し上げます。言うま
でもないことですが、本書の内容に関する全ての責任は筆者らにあります。
　本書が自治体の国際業務を進める上で、一助となれば幸いです。

※本書の事例等は、執筆時の公開情報等をもとにしており、最新の状況が反映されていない
　場合があります。
※本書に記載の見解は個人のものであり、所属の公式な見解ではありません。

付　録

様式事例集・参考資料

1 様式事例集

(1) 姉妹都市提携書の例

日本側の
市章

相手都市の
市章

姉妹都市提携協定書

　日本国○○県○○市と△△国△△州△△市は、ここに姉妹都市関係を樹立することに合意した。

　両市は、平等と相互利益の精神に基づき、両市民間の関係を発展させ、教育、観光、貿易、テクノロジー、文化、スポーツの分野において、市民相互の交流と協力、双方の繁栄と経済発展を推進していくこととする。

　この合意は、両市の更なる発展と市民生活の質の向上に資することで、両市民に多大な利益をもたらすものであると、かたく信ずる。

　この合意書は、日本語と英語によってそれぞれ2通作成され、それらが同等の効果を有するものとする。

（日付）（場所）

○○市長
（市長名）
（サイン）

△△市長
（相手市長名）
（サイン）

姉妹都市提携書の作成例（和文）

相手都市の
市章

日本側の
市章

SISTER CITY AGREEMENT

The City of △△, △△, △△, and the City of ○○, ○○ Prefecture, Japan, do hereby agree to enter into a sister city affiliation.

In the spirit of equality and mutual benefit, the two cities will develop ties between their people and promote bilateral exchanges and cooperation, common prosperity and economic development in the areas of education, tourism, trade, technology, culture, and sports.

The two cities firmly believe that this agreement will be of great benefit to the citizens of our two cities to bring the continued prosperity and improve their quality of life.

This agreement has been made in duplicate in both English and Japanese, both equally authentic.

Signed in（場所）on（日付）

（サイン）　　　　　　　　　　　（サイン）
（相手市長名）　　　　　　　　　（市長名）
Mayor of △△　　　　　　　　　Mayor of ○○

姉妹都市提携書の作成例（英文）

（2）合意書の例

合意書

　日本国○○県○○市と△△国△△州△△は、双方の市民の役立つものとするため、両市に共通する関心分野である以下の分野において交流及び協力を行うことに合意する。

（1）教育
（2）持続可能性
（3）スマートシティ

　この合意書は日本語及び英語によってそれぞれ2通作成され、同等の効果を持つ。両都市はそれぞれ1通を保管する。

（日付）（場所）

○○市長　　　　　　　　　　　　　　　△△市長
（市長名）　　　　　　　　　　　　　　（相手市長名）
（サイン）　　　　　　　　　　　　　　（サイン）

合意書の作成例（和文）

相手都市の市章

日本側の市章

Memorandum of Understanding

The City of △△, △△, △△, and the City of ○○, ○○ Prefecture, Japan, have agreed to cooperate and engage in exchanges in the following areas of mutual interest, in order to develop the relationship between the two cities that will benefit their residents.

(1) Education
(2) Sustainability
(3) Smart City

The Memorandum has been made in duplicate in English and Japanese, both equally authentic. Both cities shall hold one copy of each text.

Signed in（場所）on（日付）

（サイン）
（相手市長名）
Mayor of △△

（サイン）
（市長名）
Mayor of ○○

合意書の作成例（英文）

② 電話応対の頻出表現

・○○市××部です。どのようなご用件でしょうか。

　This is ×× Division of ○○ City, how may I help you?

・○○（名前）が話しています。

　○○ speaking.

・お名前を（もう一度）お伺いしてもよろしいでしょうか。

　May I have your name (again), please?

・お電話が遠いようです。

　I can't hear you very well.

・もう一度言っていただけますか。

　Could you say that again, please?

・○○（部署／人）におつなぎします。

　I'll connect you to ○○.

・少々お待ちください。

　Just a moment, please.

・また後ほどお電話します。

　I'll call again later.

・○○は今、席を外しております。

　I'm afraid Mr./Ms. ○○ is not available at the moment.

・○○は△時頃に戻ります。

　Mr./Ms. ○○ will be back around △ o'clock.

・○○は別の電話に出ております。

　Mr./Ms. ○○ is on another line.

・伝言を承りましょうか。

　May I take a message?

・ご依頼の詳細をメールで送っていただけますか。

Could you send the details of your request by e-mail?

・メールアドレスを教えてください。

May I have your email address?

・もしもし。

Hello.

③ 英文メールの頻出表現

・お元気でしょうか 。

I hope this e-mail finds you well.

・私は△△市□□部の○○です。

This is ○○ from the Division of □□, the City of △△.

・〜するためにメールをさせていただきました。

I'm writing this email to 〜 .（toの後には動詞が来る）

・返信が遅くなり、申し訳ありません。

I apologize / I'm sorry for the late reply.

・たびたびすみません。

I apologize to inconvenience you again with my/our email.

・［日付］に送付したメールはご覧いただきましたでしょうか。

I hope the email I sent you on［日付］has reached you.

・以下のメールにご返信いただけますと幸いです。

I would appreciate it if you could response to the following email.

・〜ということをご承知おきください。

Please（kindly）note that 〜 .

・〜について教えていただけますでしょうか。

Could you inform us on 〜 ?

・添付ファイルをご確認ください。

Please find the attached file.

・〜していただけると幸いです。

It would be great if you could 〜 .

・ご希望にそえず、申し訳ございません。

I'm afraid your request cannot be attended.

・〜まで今しばらくお待ちください。

Please wait a while until 〜 .

・ご不明点があれば、お気軽にお問い合わせください。

If you have any questions, please feel free to contact us.

・ご返信をお待ちしております。

We/I look forward to hearing from you.

・引き続きご協力のほど、お願いいたします。

We'd be grateful for your continued support/cooperation.

【英文メールの例】（市長の表敬訪問を依頼する場合）

To whom it may concern,

This is YAMADA Taro from the City of ○○.

I am writing this e-mail to ask you to kindly arrange an appointment with
the Mayor of △△. Mr./Ms. □□, the Mayor of ○○, who will visit the City
of △△ from August 3rd to 7th, 202X. During his/her stay, he/she would
like to meet the Mayor ××.

We would very much appreciate it if you could inform us of the convenient
time/date for him/her between August 4th and 6th.

We look forward to hearing from you.

Best regards,

YAMADA Taro（Mr.）

Senior Staff Member, International Affairs Section, City of ○○

（和訳）

ご担当者様

○○市の山田太郎と申します。

△△市長とのアポイントメントを調整いただきたく、メールさせていただきました。

○○市の□□市長は、202X年8月3日から7日にかけて、△△市を訪問します。滞在中に、市長は××市長（△△市の市長）にお会いしたいと考えております。

8月4日から6日のうちで、市長のご都合の良いお時間をご教示いただけますと幸いです。

お返事をお待ちしております。

よろしくお願いいたします。

○○市国際課主任

山田太郎

 地域レベルの国際交流に関する主な年表

1881年　東京府外務課が延遼館で西洋式の晩餐会を開催

1887年　神戸で兵庫県知事夫妻・大阪府知事夫妻の主催の大夜会を開催

1912年	東京市がアメリカに桜を寄贈
1913年	国際自治体連合（IULA）設立
1915年	アメリカから返礼として東京市にハナミズキを寄贈
1934年	長崎県長崎市が「長崎国際産業観光博覧会」を開催
1951年	日米太平洋市長会議開催
1954年	日本海外協会連合会設立
1955年	日本初の姉妹都市提携（長崎県長崎市とアメリカ・セントポール市）
1956年	アメリカで "People to People Program" 開始
1960年	都道府県レベルで初の姉妹都市提携（東京都とニューヨーク市）
	行政に関するアジア太平洋地域機構（EROPA）設立
1962年	国際親善都市連盟設立
	日米知事会議初開催
1965年	日本青年海外協力隊（JOCV）発足
1966年	姉妹都市提携数100を超える
1968年	札幌市が外国人のホームステイ受入開始
1970年	日ソ沿岸市長会議初開催
1971年	村レベルで初の姉妹都市提携（長野県野沢温泉村とオーストリア・サンクトアントン）
1972年	国際交流基金設立
1974年	国際協力事業団（JICA）設立
1975年	神奈川県知事が「民際外交」を提唱
1977年	神奈川県国際交流協会設立
1986年	自治省「国際交流プロジェクト構想」発表
	外務省国内広報課内に国際化相談センターを設置
1987年	JETプログラム発足
1988年	自治体国際化協会（CLAIR）設立
1989年	自治省「地域国際交流推進大綱の策定及地域国際化協会の設立」
	アジア太平洋都市間技術協力ネットワーク（CITYNET）設立

1990年　国際環境自治体協議会（ICLEI）設立

1992年　北九州市が世界で初めて国連地方自治体表彰を受賞

1993年　自治省に国際室設置

　　　　全国市町村国際文化研修所（JIAM）開講

　　　　姉妹都市提携数1,000件を超える

1995年　自治省「自治体国際協力推進大綱の策定に関する指針」

　　　　自治体国際化協会に国際協力センター設置

1996年　「自治体職員協力交流事業」開始

1999年　自治体国際化協会に市民国際プラザ設置

2000年　自治省「地域国際交流推進大綱及び自治体国際協力推進大綱における
　　　　民間団体への位置づけについて」

2005年　世界大都市気候先導グループ（C40）設立

2006年　総務省「多文化共生推進に関する研究会報告書〜地域における多文化
　　　　共生推進に向けて〜」

　　　　外務省に地方連携推進室設置

2016年　オーストラリア・デアビン市が初めて「気候非常事態宣言」を発出

2018年　ニューヨーク市と日本の3自治体が国連にSDGsの「自発的自治体レ
　　　　ビュー」（VLR）を提出

参考文献

有田典代（2013）「地域の国際化政策の変遷とこれからのあり方」『国際文化研修』
　2013年、夏

アンドリュー・スティーブンズ（2011）『英国の地方自治　歴史・制度・政策』石見
　豊訳、芦書房

一般財団法人自治体国際化協会（2012）『自治体国際化フォーラム』第278号

一般財団法人自治体国際化協会（2013）『自治体国際化フォーラム』第283号

一般財団法人自治体国際化協会（2014）『自治体国際化フォーラム』第297号

一般財団法人自治体国際化協会（2015）『韓国の地方自治―2015年改訂版―』

一般財団法人自治体国際化協会（2015）『自治体国際化フォーラム』第311号

一般財団法人自治体国際化協会（2017）『中国の地方行財政制度』

一般財団法人自治体国際化協会（2018）『オーストラリアとニュージーランドの地方
　自治』

一般財団法人自治体国際化協会（2018）『自治体国際化フォーラム』第343号

一般財団法人自治体国際化協会（2019）『自治体国際化フォーラム』第356号

一般財団法人自治体国際化協会（2020）『英国の地方自治（概要版）―2019年改訂版―』

一般財団法人自治体国際化協会（2020）『フランスの地方自治　平成29年（2017年）
　改訂版』

一般財団法人自治体国際化協会（2021）『自治体国際化フォーラム』第380号

一般財団法人自治体国際化協会ロンドン事務所（2015）「ロンドンと世界の都市のネッ
　トワーク組織〜『５つのＣ』〜」
　http://www.clair.or.jp/j/forum/pub/docs/report_5cs.pdf

臼井久和、高瀬幹雄（1997）『民際外交の研究』三嶺書房

江崎崇、富野暉一郎監修（2001）『自治体国際協力の時代』大学教育出版

エリン・メイヤー（2015）『異文化理解力　相手と自分の真意がわかるビジネスパー
　ソン必須の教養』田岡恵監訳、樋口武志訳、英治出版

外務省（2018）「平成29年度オーストラリアにおける対日世論調査結果」
　https://www.mofa.go.jp/mofaj/files/000453087.pdf

片野田優子（2015）「戦後日本の国際交流と地域社会：鹿児島県内自治体の地域間国際
　交流の事例を中心として」鹿児島大学博士論文

http://hdl.handle.net/10232/26282

観光庁「ムスリムおもてなしガイドブック」

　https://www.mlit.go.jp/common/001101141.pdf

観光庁「ユニークベニュー ビギナーズガイド」

　https://www.mlit.go.jp/common/001261307.pdf

北脇保之（2013）「自治体国際化施策の変遷と多文化共生の現状と課題〜自治体外国
　人施策担当者のために〜」全国市町村国際文化研修所『国際文化研修』2013年秋、
　vol.81、22-27頁

楠本利夫（2012）『自治体国際政策論 自治体国際事務の理論と実践』公人の友社

黒岩比佐子（2018）『歴史のかげに美食あり　日本饗宴外交史』講談社学術文庫

公益財団法人環日本海経済研究所「地方自治体の国際協力とODA」

　https://www.erina.or.jp/columns-radio/6363/

国際交流基金日米センター（2006）『姉妹都市交流ブックレット〜あなたの町の国際
　交流をより元気にするために』

国土交通省（2005）「姉妹都市交流の観光への活用に関する調査」

　https://www.mlit.go.jp/common/000059350.pdf

国土交通省荒川下流河川事務所（2012）「荒川・隅田川＆流域　川でみつけた国際交流」

　https://www.ktr.mlit.go.jp/ktr_content/content/000091764.pdf

小林寛斉、小松俊也、中村萌子（2021）『戦略的な都市外交を行うためのマネジメン
　ト体制について』東京都総務局人事部編

小松達也（2005）『通訳の技術』研究社

小松俊也（2017）「連邦国家における地方自治体の強制合併―2016年ニューサウス
　ウェールズ州自治体強制合併の事例から―」『都市政策研究』第11号、75-108頁

小松俊也（2018）「NZの自治体で仕事をして」『都政新報』2018年1月16日4面

佐藤薫子（2013）『はじめての国際社会学プロトコール流』優しい食卓

佐藤智子（2011）『自治体の姉妹都市交流』明石書店

佐藤久美（2013）「日本の国際化政策の推進に関する中央政府と地方自治体の関係性
　の変化―『国際交流』から『多文化共生』へ―（上)」『金城学院大学論集　社会科
　学編』第10巻第1号

佐藤久美（2014）「日本の国際化政策の推進に関する中央政府と地方自治体の関係性
　の変化―『国際交流』から『多文化共生』へ―（下)」『金城学院大学論集　社会科

学編』第10巻第2号

財団法人日本都市センター編（1995）『都市外交―自治体の国際交流戦略―』日本都市センター

財団法人日本ホテル教育センター編（2005）『プロトコールの基本』プラザ出版

札幌市総務局国際部（2020）「外国語表記ガイドライン（英語・中国語・ハングル）［令和2年度版］」

　https://www.city.sapporo.jp/kokusai/documents/revised_2020_gaikokugo_hyoki_guideline_english_chinese_hangul.pdf

杉澤経子（2013）「自治体国際化政策と政策の実施者に求められる役割」東京外国語大学多言語・多文化教育研究センター『シリーズ多言語・多文化協働実践研究』no.17、12-35頁

杉田明子（2004）『できるビジネスマンなら知っている！国際マナーのルールブック』ダイヤモンド社

鈴木厚（2017）「自治体首長トップセールスの有用性」『サービス経営学部研究紀要』第30号

総務省（2017）「多文化共生事例集～多文化共生推進プランから10年 共に拓く地域の未来～」

　https://www.soumu.go.jp/main_content/000476646.pdf

総務省（2021）「多文化共生の推進に係る指針・計画の策定状況」

　https://www.soumu.go.jp/main_content/000754475.pdf

高瀬毅（2009）『ナガサキ 消えたもう一つの「原爆ドーム」』平凡社

竹下譲、丸山康人（2012）『ロンドンの政治史　議会・政党は何をしてきたか？』イマジン出版

竹下譲監修（2008）『よくわかる世界の地方自治制度』イマジン出版

地域国際化協会連絡協議会（2020）「令和元年度地域国際化協会ダイレクトリー」

　http://www.clair.or.jp/j/multiculture/docs/ikkatu_1.pdf

長州一二、坂本義和（1983）『自治体の国際交流』学陽書房

土田雅裕（1989）「姉妹都市交流事業の展開構造の分析」『1989年度〔日本都市計画学会〕学術研究論文集』、403-408頁

寺西千代子（2000）『国際ビジネスのためのプロトコール［改訂版］』有斐閣ビジネス

寺西千代子（2014）『国際儀礼の基礎知識』全国官報販売協同組合

寺西千代子（2016）『世界に通用する公式マナー プロトコールとは何か』文春新書

東京都（1994）『東京都政五十年史 事業史Ⅱ』東京都

東京都（2014）「ムスリム旅行者おもてなしハンドブック」
https://www.sangyo-rodo.metro.tokyo.lg.jp/tourism/kakusyu/handbook/pdf/msrim.pdf

友田二郎（1964）『エチケットとプロトコール』国際図書

内貴滋（2016）『英国地方自治の素顔と日本 地方構造改革の全容と日英制度比較』ぎょうせい

西川恵（1996）『エリゼ宮の食卓 その饗宴と美食外交』新潮社

西山隆行（2014）『アメリカ政治 制度・文化・歴史』三修社

羽貝正美、大津浩（1994）『自治体外交の挑戦―地域の自立から国際交流圏の形成へ』有信堂

古川俊一、毛受敏浩（2002）『自治体変革の現実と政策』中央法規

牧田直子、鈴木誠（2015）「海外の姉妹都市日本庭園の歴史と日本側自治体から見た現状と課題」『ランドスケープ研究』78（5）

松下圭一編著（1988）『自治体の国際政策』学陽書房

民際外交10年史企画編集委員会（1990）『民際外交の挑戦 地域から地球社会へ』日本評論社

村山リコ（2017）『図説 英国社交界ガイド エチケット・ブックに見る19世紀英国レディの生活』河出書房新社

毛受敏浩、榎田勝利、有田典代監修（2003）『国際交流・協力活動入門講座Ⅰ 草の根の国際交流と国際協力』明石書店

毛受敏浩、榎田勝利、有田典代監修（2004）『国際交流・協力活動入門講座Ⅱ 国際交流の組織運営とネットワーク』明石書店

毛受敏浩、榎田勝利、有田典代監修（2006）『国際交流・協力活動入門講座Ⅲ 国際交流・国際協力の実践者たち』明石書店

毛受敏浩（2009）「グローバル時代の自治体の国際化戦略への提言」
http://www.jcie.or.jp/japan/others/inthenews/contribution/2009/sri200909no97.pdf

毛受敏浩（2018）『姉妹都市の挑戦 国際交流は外交を超えるか』明石書店

山下茂（2010）『体系比較地方自治』ぎょうせい

山下茂（2015）『英国の地方自治―その近現代史と特徴―』第一法規

山田文比古（2015）『外交とは何か　パワーか？知恵か？』法律文化社

山本節子（1994）『現代プロトコール　わかりやすい国際交流マナー』ぎょうせい

山脇啓造（2009）「多文化共生社会の形成に向けて」移民政策学会『移民政策研究』創
　　刊号、30-41頁

有限責任監査法人トーマツ（2019）「諸外国における政治分野への女性の参画に関す
　　る調査研究報告書」

　　http://www.gender.go.jp/research/kenkyu/pdf/gaikou_research/2019/01_all.pdf

横浜市（1986）『調査季報89号・特集／国際化時代の市民と行政』

吉田均（2001）『地方自治体の国際協力　地域住民参加型のODAを目指して』日本評
　　論社

渡辺靖（2011）『文化と外交　パブリック・ディプロマシーの時代』中公新書

綿貫陽、マーク・ピーターセン（2006）『表現のための実践英語ロイヤル英文法』旺
　　文社

Alberto J. Matsumoto（2020）「二世代目以降の「県人会」と今後の架け橋としての
　　役割」

　　http://www.discovernikkei.org/en/journal/2020/4/3/nikkei-latino/

American Center Japan「米国プロファイル」「アメリカ合衆国のポートレート」

　　https://americancenterjapan.com/aboutusa/profile/102/

JICA緒方研究所（2007）「多文化共生に関する現状およびJICAでの取り組み状況にか
　　かる基礎分析」

　　https://www.jica.go.jp/jica-ri/IFIC_and_JBICI-Studies/jica-ri/publication/
　　archives/jica/kyakuin/200703_kus.html

NPO法人日本マナー・プロトコール協会（2008）『「さすが！」といわせる大人のマ
　　ナー講座』PHP研究所

NPO法人日本マナー・プロトコール協会（2016）『マナー＆プロトコールの基礎知識』

Acuto, M., Morissette, M. and Tsouros, A.（2017），City Diplomacy: Towards
　　More StrategicNetworking? Learning with WHO Healthy Cities, Global Policy
　　Volume 8 . Issue 1, pp.14-22.

Acuto, M. et al.（2018），Toward City Diplomacy:Assessing capacity in select
　　global cities, The Chicago Council on Global Affairs.

Adelphi and Urban Catalyst (2015), Sustainable Development Goals and Habitat Ⅲ: Opportunities for a Successful New Urban Agenda, Cities Alliance.

Amiri, S. and Dossani, R. (2019), City Diplomacy Has Been on the Rise. Policies Are Finally Catching Up, https://www.rand.org/blog/2019/11/city-diplomacy-has-been-on-the-rise-policies-are-finally.html

IGES (2020), Shimokawa Method for Voluntary Local Reviews.
State of Georgia, Georgia Protocol Guide, https://www.georgia.org/sites/default/files/wp-uploads/2013/09/Georgia-Protocol-guide-.pdf

Kelly, J. (2012), Why are towns un-twinning?, BBC, 5 January 2012. https://www.bbc.com/news/magazine-16408111

Kosovac, A. (2020), Conducting City DiplomacyA Survey of International Engagement in 47 Cities, The Chicago Council on Global Affairs.

McCaffree, M. J. and Innis, P. (1985), Protocol – the Complete Handbook of Diplomatic, Official and Social Usage, Devon Publishing Company, Inc.

Oana Iucu (2008), Diplomacy and Diplomatic Protocol.

Overbeek, F. (2007), City Diplomacy – The Roles and Challenges of the peace building equivalent of decentralized cooperation.

Queensland Government, Queensland Government State Protocols: A Guide, https://www.premiers.qld.gov.au/publications/categories/guides/state-protocols.aspx

United Nations Department of Economic and Social Affairs (2019), World Urbanization Prospects – The 2018 Revision.

World Economic Forum (2021), Global Gender Gap Report 2021.

その他、各自治体や都市間ネットワーク等の公式ウェブページ

索　引

著者略歴

丹羽 恵玲奈（にわ えれな）

1991年、東京大学経済学部卒業後、東京都庁入都。自治体国際化協会ニューヨーク事務所次長（１歳の娘を連れて赴任）、東京都知事本局企画調整部副参事（国際共同事業担当）、主税局税制調査課長、政策企画局外務担当部長などを経て、現在、主税局税制部長。二女の母。海外の若者たちのホストファミリーボランティアの経験多数。

小松 俊也（こまつ としや）

2012年、早稲田大学人間科学部卒業後、東京都庁入都。自治体国際化協会総務部企画調査課、同シドニー事務所所長補佐、東京都政策企画局外務部事業課などを経て、現在、政策企画局計画部計画課主任。NPO法人日本合気道協会理事、合気道５段。ロンドン大学で国際関係論のディプロマ取得。東京大学大学院工学系研究科都市持続再生学コース修士課程在籍。国内外の大学で自治体の国際業務についてゲストスピーカーを経験。

これ一冊でよくわかる
自治体の国際業務マニュアル

発行日	2021年９月30日発行
著　者	丹羽 恵玲奈／小松 俊也
印　刷	今井印刷株式会社
発行所	イマジン出版株式会社©
	〒112-0013　東京都文京区音羽1-5-8
	電話 03-3942-2520　FAX 03-3942-2623
	HP　http://www.imagine-j.co.jp

ISBN978-4-87299-886-3　C2036　¥2700E